生态战略

组织合法性的视角

李 雷◎著

ECO-STRATEGY

THE PERSPECTIVE OF
ORGANIZATIONAL LEGITIMACY

ZHEJIANG UNIVERSITY PRESS
浙江大学出版社

前　言

　　为了突破产业增长的天花板,充分响应高度细分化、多元化的市场需求和复杂的市场竞争,传统产业的领导者开始尝试从产品冠军向生态型企业转型,由此实现面向未来的战略升维。生态型企业打破了等级森严的科层式组织结构,利用数字技术搭建起开放式网络平台(如小米的 IoT 开发者平台、海尔的海创汇、美的的美创平台、华为的云开发者平台、韩都衣舍的智汇蓝海等),并以此为支点,通过资源的大规模集中和模块化调用,对一个个高度敏捷、精干的小企业进行赋能与孵化,使它们有动力、有能力为用户提供高水平的解决方案,从而在大企业专业资源的规模优势与小企业敏捷应变的灵活优势之间达成有机统一,由此打造出了一个个相对独立的、能够进行自我调节的企业创新生态系统。

　　生态型企业往往由产品冠军转型而来,在转型之前它们往往通过种种手段,赢得了用户的认可、接受与信任,基于新制度理论视角,意味着用户赋予了该组织高水平的合法性。合法性是一种能给组织带来良好绩效和竞争优势,可以被组织主动操控,帮助组织获取其他资源的重要资源,与组织存活率息息相关。从这个意义上讲,由产品冠军转型而来的生态型企业能否将自身的合法性溢出给企业创新生态系统中的成员企业,帮助成员企业克服新入者劣势、突破合法性阈值,就显得非常关键,因为对于这些无法凭借以往业绩向用户证明自身实力,而又难以独自建立合法性的成员企业而言,由生态型企业溢出而来的合法性就是它们的“生命之源”,直接决定着它们的生死存亡。

　　围绕这一现实背景进行文献梳理可以发现,“生态型企业通过资源共享为创业企业赋能”这一研究主题已经引起学术界的广泛重视,但是学者们所关注的资源通常包括人力、设备、资金、知识、技能等,一种对于企业(尤其是创业企业)生存与发展至关重要的资源——合法性,却没有受到重视。此外,虽然学者们对合法性维持策略、合法性溢出策略和合法性保护策略均有所关注，但是相关研究成果散落于新制度理论视角下的文献之中，在这些成果中鲜有以生态型企业为观测单元的直接论述，关于各个策略的理论解释也存在局限，更缺乏一个立足整体视域所提出的关于三种合法性策略的理论框架，因此，后续相关研究成果的对话与整合以及系统性政策建议的提出尚存在障碍。

综合上述背景，本书将科学问题界定为"生态型企业的合法性战略及其作用机理"，基于此，从三个方面展开研究：第一，生态型企业如何制定和实施合法性获取战略以保证自身生存？第二，生态型企业如何制定和实施合法性溢出战略，使得自身的合法性能够溢出给成员企业？第三，在合法性溢出过程中，生态型企业如何制定和实施合法性保护战略，避免自身的合法性被成员企业所伤害？

从总体上看，本书具有三点理论意义：第一，本书将合法性这一"能够帮助组织获取其他资源的重要资源"引入企业创新生态系统研究，在一定程度上弥补了企业创新生态系统研究对合法性资源关注不足的局限，为学者们探讨企业创新生态系统的相关问题引入了新的切入点，提供了可借鉴的思路。第二，本书立足企业创新生态系统的演化周期，将生态型企业合法性战略界定为合法性获取战略、合法性溢出战略、合法性保护战略三种类型，分别对这三类战略的基本内涵、体现形式、影响因素及作用效果进行探讨，在此基础上，立足一个整体的视角，提出了生态型企业合法性战略的理论框架，丰富了企业创新生态系统领域的理论积累。第三，本书通过整合新制度理论视角下组织合法性、制度创业、合法性溢出和组织场域治理（organizational field governance）的理论积累，解决了企业创新生态系统的相关问题，从而推动了组织合法性、制度创业、合法性溢出和组织场域治理的理论积累向企业创新生态系统领域繁衍和深化，拓展了它们的应用范畴，增强了它们对于企业创新生态系统的适用性和解释力。

本书对于管理实践也有一定的贡献：第一，本书的研究结论可以为生态型企业理解制度创业策略、合法性溢出战略的设计原则、设计方法、设计流程与应用情景，把握自身合法性资源可能面临的困境及其成因，在设计出被动应急型分隔机制的同时，与其他行动者共同打造出主动长效型的企业创新生态系统治理机制，从而对自身的合法性资源进行多层次保护，提供政策建议。第二，本书可以引导成员企业了解获取生态型企业合法性资源的原则与方法,理解自身的不端行为与低水平的创新意愿对生态型企业合法性资源造成的危害,帮助成员企业全面把握企业创新生态系统规制、规范、文化及其发挥作用的路径,以及生态型企业所采用的分隔机制及其作为情境因素能够发挥的调节作用,在此基础上,引导成员企业自发主动地抑制不端行为、提升创新意愿。第三,本书的研究结论还可以为政府部门或其他社会性行动者制定关于企业创新生态系统的规制或规范,营造有利于企业创新生态系统良性发展的优质文化,设计高效合理的分隔机制,从而为广西经济社会发展培育新动能,推动创新支撑产业高质量发展,提供政策建议。

　　本书在写作、出版过程中,得到了各方面的支持。笔者感谢国家自然科学基金资助项目(编号:72074058;71562008;71662006)、广西自然科学基金项目(编号:2018GXNSFAA281223;2018GXNSFAA281304)、广西"十百千人才工程"专项资金资助项目、广西八桂学者专项经费资助项目(文件号:厅发〔2019〕79 号)、广西高等学校千名中青年骨干教师培育计划(文件号:桂教人〔2018〕18 号)对本书提供的资助。在本书成稿的关键时期,笔者在浙江大学管理学院进行博士后研究,合作导师魏江教授以及邬爱其教授、郑刚教授、杨俊教授、王颂副教授、吴伟副研究员、刘洋博士、李拓宇博士后、杨洋博士后、王丁博士等从不同侧面对本书进行了指导,给出了宝贵的建议,笔者表示感谢。此外,笔者还要感谢浙江大学出版社李海燕老师,她的辛勤工作推动了本书的出版。桂林电子科技大学商学院于飞副教授参与了本书部分章节的讨论,感谢于老师贡献的智慧。笔者所指导的硕士研究生参与了了本书的资料收集以及撰写等工作,他们是桂林理工大学商学院的刘博、朱钱晨、李倩,在此一并谢过。

李　雷

2021 年 1 月 8 日于桂林

目　录

第1章 绪 论

1.1 研究背景

创新是引领发展的第一动力,是建设现代化经济体系的战略支撑(习近平,2017)。企业是创新活动的主体(李克强,2019),随着区块链、大数据、云计算、人工智能的不断发展以及"互联网＋大众创业、万众创业"向纵深推进,企业创新活动的复杂性骤然增加(陈劲,2017),异质性要素的协同成为创新范式演进的新方向(Helkkula 等,2018)。这种态势下,产业边界被打破,单一企业想凭借一己之力覆盖所有新兴领域、保持最领先的商业模式几乎成了天方夜谭(Randhawa 等,2016;吴晓波和赵子溢,2017),因此,以小米、海尔、华为、美的为代表的企业,通过打造协调机制,将自身与外部利益相关者相融合,共同为客户提供解决方案,输出价值(陈衍泰等,2018)。基于此,一个个相对独立的、能够自我调节的、致力于推动协同创新活动的企业创新生态系统(enterprise innovation ecosystem)便形成了(Vargo 和 Lusch,2017),小米的小米生态链、海尔的海创汇、华为的云开发者平台、美的的美创平台就是其中的典型代表(中欧案例研究中心,2017)。

企业创新生态系统的形成推动了生态型企业(eco-enterprise)(以小米、海尔、华为、美的为代表的企业创新生态系统的构建者)与成员企业(member enterprise)(企业创新生态系统的参与者)资源共享,这一观点在企业创新生态系统研究中已达成共识(陈劲和吴贵生,2018)。值得注意的是,学者们所关注的生态型企业与成员企业之间共享的资源,通常包括人力、设备、资金、知识、技能等资源(Lin 等,2017;周青等,2017),一种"能够帮助组织获取其他资源的重要资源"——合法性资源（legitimacy resource），却没有受到重视（李靖华和黄继生，2017）。事实上，早在 20 世纪 90 年代，制度领域的学者就明确指出"组织如果想要在它们的社会环境中生存下来并兴旺发达，除了需要物质资源和信息技术之外，还需要其他资源，特别是它们还需要得到社会的认可、接受与信任"，这类特别的资源就是组织合法性（Scott，1995）。因此，如何通过战略设计，使得生态型企业不但能够积累合法性资源、保证自身生存，而且可以将这些资源合理地共享给成员企业、推动整个企业创新生态系统繁衍，是有待解决的重要问题。

在具体的实践中，生态型企业制定和实施合法性战略需要经历一个过程。首先，在着手构建企业创新生态系统之前，生态型企业通过制定和实施合法性获取战略（legitimacy acquisition strategy）积累合法性。早期的制度学者认为，组织通过与外部环境"同构"（isomorphism），即组织行为与外部规范或规则保持一致，从而获得合法性（DiMaggio 和 Powell，1983）。但这一观点忽视了组织自身的能动性，无法解释组织造成制度破坏的突破性行为与制度如何产生等问题（涂智苹和宋铁波，2016）。为此，新制度理论（neo-institutional theory）将能动性纳入理论框架，指出组织可以通过制度创业（institutional entrepreneurship）创造新的规范或规则，使自身行为与新创制度情境相一致，从而获取合法性（DiMaggio，1988；Maguire 等，2004）。生态型企业是网络环境的产物，组织网络的普及，使得具有不同制度逻辑（institutional logic）的行动者高度聚集，激发了制度矛盾，生态型企业往往难以通过"同构"获取合法性（Waeger 和 Weber，2019），这一现实背景凸显了生态型企业通过制度创业获取合法性的必要性；同时，信息网络的普及，推动了各类开放式网络平台的形成，增强了生态型企业与其他行动者之间的异质性连接和交互（Qureshi 等，2016），有利于推动新思想的诞生，这一现实背景保证了生态型企业通过制度创业获取合法性的可行性。可以说，在网络环境下，制度创业是生态型企业最为重要的合法性获取战略。

在随后的企业创新生态系统构建及运行过程中，生态型企业通过合法性溢出战略（legitimacy spillover strategy），将自身积累的合法性共享给成员企业，帮助这些成员企业克服新入者劣势（liability of newness）、突破合法性阈值（legitimacy threshold）、提升存活率（Zimmerman 和 Zeitz，2002；Überbacher，2014）。

然而，随着企业创新生态系统规模不断扩大，成员企业就会陆续暴露出一些问题(Brunswicker 和 Chesbrough,2018;小米生态链谷仓学院,2017):一方面,有些成员企业会产生"搭便车"的思想,一味地从生态型企业溢出的合法性那里寻求背书,创新意愿低下,这种消极的态度会使外界对这些成员企业的背书者(即生态型企业)产生诟病;另一方面,有些成员企业甚至发生不端行为,由此产生的负面效应会殃及生态型企业,从而对其合法性产生破坏。正如小米公司创始人雷军在 2017 年 11 月的小米投资年会上所言:小米生态链上的很多企业都用小米作为背书,这样的企业只会越来越多,它们中的任何一家出了问题,都容易上升为小米的危机。因此,生态型企业在给成员企业共享合法性的过程中,如何制定和实施合法性保护战略(legitimacy protection strategy),避免反受其害,也是生态型企业合法性战略的重要一环。

学术界对合法性获取战略、合法性溢出战略、合法性保护战略均有所关注,相关研究成果可以为我们理解生态型企业合法性战略提供理论铺垫。然而,现有研究中仍存在如下理论缺口。

第一,作为一种重要的合法性获取战略,制度创业的研究多聚焦于会计事务所、汽车制造企业等传统组织,类似于生态型企业这样与网络环境关系特别密切的组织还鲜有学者关注。如上文所述,网络环境的普及为制度创业者与利益相关者频繁互动创造了条件,改变了以往信息不对称的状况,信息传播速度与影响范围急速增大,社会化媒体的影响力显著增强,为个人行动汇集成跨越时空的大规模集体行动创造了条件(Luo 等,2016)。这些特征都是传统情境不具备的,因此,现有制度创业的观点对于生态型企业如何进行制度创业缺乏直接的解释力。

第二,合法性溢出文献仅识别了合法性溢出的影响因素,并未真正从组织战略的高度对这些因素进行审视和考量,相关结论只能为生态型企业制定合法性溢出战略提供初步的切入点,并不能直接作为合法性溢出战略使用。此外,这些研究几乎都是截面性研究,难以动态地解释在情境非同质性演变过程中,合法性溢出影响因素发挥作用的路径,就现实情况而言,生态型企业所立足的情境——企业创新生态系统,恰恰存在一个非同质性演变的过程(李雷,2019)。

第三,企业之间存在"认知相关"(cognitively related)是合法性溢出能够发生的前提(Kostova 和 Zaheer,1999),因此,有学者尝试将合法性保护战略具体化为"分隔机制"(compartmentalizing mechanism),即企业通过降低与那些问题企业之间的认知相关性，来保护自身的合法性（Haack 等，2014；Sinha 等，2015；魏江和王诗翔，2017）。分隔机制在短期内临时解决突发性问题是有效的，也是必要的，但不能将其作为长效机制来使用。主要原因有三：首先，分隔机制是被动型的，往往在成员企业发生问题后才被生态型企业所采用，此时不良结果已经产生；其次，为了提升分隔机制的效力，生态型企业必须对成员企业进行实时监控，只有这样才能精准地锁定存在问题的成员企业，第一时间与它们相分隔，因此，监控成本高；最后，分隔机制仅仅作用于生态型企业与成员企业的关系层面，并未真正抑制成员企业的不端行为、提升它们的创新意愿（张洁等，2018）。如何解决这些问题，尚需进一步研究。

综合上述现实背景和理论背景，本书将科学问题界定为"生态型企业的合法性战略及其作用机理"。基于此，本书从三个方面展开研究：①生态型企业如何制定和实施合法性获取战略以保证自身生存？②生态型企业如何制定和实施合法性溢出战略，使得自身的合法性能够溢出给成员企业？③在合法性溢出过程中，生态型企业如何制定和实施合法性保护战略，避免自身的合法性被成员企业所伤害？

1.2　研究意义

在理论层面，第一，本书将合法性这一"能够帮助组织获取其他资源的重要资源"引入企业创新生态系统研究，在一定程度上弥补了企业创新生态系统研究对合法性资源关注不足的局限，为学者们探讨企业创新生态系统的相关问题引入了新的切入点，提供了可资借鉴的思路。第二，本书立足企业创新生态系统的演化周期，将生态型企业合法性战略界定为合法性获取战略、合法性溢出战略、合法性保护战略三种类型，分别对这三类战略的基本内涵、体现形式、影响因素及作用效果进行探讨，在此基础上，立足一个整体的视角，提出了生态型企业合法性战略的理论框架，丰富了企业创新生态系统领域的理论积累。第三，本书通过整合新制度理论视角下组织合法性、制度创业、合法性溢出和组织场域治理（organizational field governance）的理论积累，解决了企业创新生态系统的相关问题，从而推动了组织合法性、制度创业、合法性溢出和组织场域治理的理论积累向企业创新生态系统领域繁衍和深化,拓展了它们的应用范畴,增强了它们对于企业创新生态系统的适用性和解释力。

在实践层面,第一,本书的研究结论可以为生态型企业理解制度创业策略、合法性溢出战略的设计原则、设计方法、设计流程与应用情景,把握自身合法性资源可能面临的困境及其成因,在设计出被动应急型分隔机制的同时,与其他行动者共同打造出主动长效型的企业创新生态系统治理机制,从而对自身的合法性资源进行多层次保护,提供政策建议。第二,本书可以引导成员企业了解获取生态型企业合法性资源的原则与方法,理解自身的不端行为与低水平的创新意愿对生态型企业合法性资源造成的危害,帮助成员企业全面把握企业创新生态系统规制、规范、文化及其发挥作用的路径,以及生态型企业所采用的分隔机制及其作为情境因素能够发挥的调节作用,在此基础上,引导成员企业自发主动地抑制不端行为、提升创新意愿。第三,本书的研究结论还可以为政府部门或其他社会性行动者制定关于企业创新生态系统的规制或规范,营造有利于企业创新生态系统良性发展的优质文化,设计高效合理的分隔机制,从而为经济社会发展培育新动能,推动创新支撑产业高质量发展,提供政策建议。

1.3　研究目标

本书共有四个研究目标。

第一,揭示生态型企业合法性获取战略是什么,及其如何作用于生态型企业合法性获取。

第二,剖析企业创新生态系统结构特征对生态型企业合法性溢出战略的触发作用,及其如何影响成员企业合法性获取,提炼出生态型企业合法性溢出战略的演化规律。

第三,揭示分隔机制、企业创新生态系统治理机制及二者的交互在生态型企业合法性保护中发挥的作用,并阐明企业创新生态系统治理机制的涌现过程。

第四,为生态型企业、成员企业和政府管理部门明确自身的定位与职能,协同构建多元共治的创新生态治理格局,提供管理启示。

1.4　研究内容

本书共包含 7 章，具体安排如下。

第 1 章　绪论。本章从现实背景和理论背景两个方面，对本书所基于的研究背景进行详细阐述，随后从中提炼出三个研究问题。在此基础上，阐明研究意义，确定研究目标，设计研究内容。

第 2 章　理论基础。本章围绕本书拟探讨的重要概念或重要主题，对相关理论及研究成果进行述评，主要包括"生态型企业与企业创新生态系统""合法性""合法性获取战略""合法性溢出战略""合法性保护战略"。在此基础上，进行文献述评，旨在明晰现有理论基础，发现研究缺口，为本书后续研究内容的展开进行铺垫。

第 3 章　生态型企业合法性获取战略的案例研究。本章依据理论抽样的原则和扎根理论（grounded theory）的思路，选取小米公司为研究对象，通过资料三角验证和研究者三角验证的方法来确保研究的效度。在此基础上，把描述事件的各类数据基于档案资料进行整理，并用访谈资料对事件库进行验证和补充，用共同的陈述形成基本类别，对生态型企业合法性获取战略的内涵与维度进行刻画。随后，将涌现的类别与理论构念反复匹配，并运用图表进行辅助分析，反复提炼产生的概念、抽象水平、概念的测量和理论关系，直到案例与产生的理论达到牢固的匹配，提出关于观众合法性判断在生态型企业合法性获取战略与生态型企业合法性获取效果之间发挥中介效应的命题。

第 4 章　生态型企业合法性溢出战略的案例研究。本章依据理论抽样的原则，选取小米公司为研究对象，开展纵向单案例研究。根据案例企业演化史中的一些关键事件，遵循共演文献的研究思路，将演化史分成若干阶段。在此基础上，针对各研究对象进行内部案例分析，对生态型企业合法性溢出战略的内涵与维度进行刻画，解决"是什么"的问题，在此基础上，揭示企业创新生态系统的结构特征如何触发生态型企业进行合法性溢出战略选择，以及这些战略对于合法性溢出结果有何影响，解决"怎么样"和"为什么"的问题。综合这些发现，从纵向上提炼其中潜藏的演化规律，构建出关于"生态型企业合法性溢出战略及其演化规律"的理论模型。

第 5 章 生态型企业合法性保护战略的实证研究。本章利用实证研究的方法,首先,探讨分隔机制在成员企业不愿创新或不端行为对生态型企业合法性的负面影响中能否发挥负向调节作用;其次,分析企业创新生态系统规制、规范和文化能否通过抑制成员企业不愿创新和不端行为,保护生态型企业的合法性;第三,研究分隔机制与企业创新生态系统治理机制在生态型企业合法性保护中能否发挥混合效应。

第 6 章 生态型企业合法性保护战略的案例研究。本章依据理论抽样的原则,选择嵌套在小米生态链内部的 9 个生态链企业为研究对象,遵循"制度创业→生态治理→治理结果"的逻辑脉络,展开纵向嵌套式案例研究,重点解决"企业创新生态系统治理机制从何而来,及其在生态型企业合法性保护中如何发挥作用",提出生态型企业合法性保护的制度化路径的演化模型。

第 7 章 结论与展望。本章对本书的研究发现进行总结,形成研究的结论,揭示这些研究结论所能做出的理论以及相应的对策建议。最后,指出本书的局限性,并对未来可能存在的研究方向进行展望。

1.5 研究方法

本书主要使用了如下五种研究方法。

第一,文献研究法。主要是借助电子数据库(包括 Web of Science、EBSCO、JSTOR、Elsevier、Springer Link、中国知网、维普期刊网、新华文摘数据库、人大复印资料数据库等)、纸质刊物,以及与本书相关的学术报告、行业报告、年鉴、政策文件等,重点对生态型企业、组织合法性、合法性获取战略、合法性溢出战略、合法性保护战略的国内外相关文献进行梳理。同时全面梳理关于企业创新生态系统构建与运营的国内外政策,并实时跟踪其发展动态。在此基础上,整合现有研究的理论积累,挖掘资料中存在的局限,为界定概念、构建模型、进行理论解释以及提出政策建议提供基础。

第二,理论推演法。理论推演是在文献研究的基础上,利用不同的理论观点对实际问题进行研究。从总体上看,本书基于新制度理论展开,在不同的章节中,新制度理论的相关观点得到了具体应用。第 3 章依据个体层面合法性和集体层面合法性的辩证关系,推演出了生态型企业合法性获取战略通过影响观众合法性判断作用于合法性获取效果的研究框架,并利用扎根理论对生态型企业合法性维持策略的内涵与维度进行刻画，最终提出相关命题。第4章借鉴战略管理学中经典的"结构→行为→绩效"框架①，推演出"结构特征→溢出战略→溢出结果"的研究逻辑，为我们动态地把握生态型企业合法性溢出战略的演化规律奠定了基础。第5章依据解耦和组织场域治理的观点，提出了分隔机制与创业生态系统治理机制相整合的合法性保护战略，并依据制度创业的观点，进一步解释了企业创新生态系统治理机制的涌现过程。第6章依据制度创业和组织场域治理的观点，揭示了企业创新生态系统治理机制从何而来，及其在生态型企业合法性保护中如何发挥作用。

第三，案例研究法。截面性案例研究适合对"是什么"、"为什么"和"怎么样"的问题进行初步探索，明确概念的内涵与维度，提出相关命题，被应用于第3章。纵向案例研究适用于揭示那些新领域中纵贯发展变化的全过程，被应用于第4章和第6章。

第四，问卷调查法。问卷调查法被应用于第5章，主要包括三个步骤。第一，变量操作性定义和生成初始量表：综合现有文献观点和深度访谈结果，对研究框架中的变量进行操作性定义，开发初始量表，对于来自英文文献的量表采用"回译"的处理方法。第二，小规模预测试与生成正式量表：进行小规模预测试，对预测试数据进行探索性因子分析（exploratory factor analysis，EFA），验证初始量表的单维性。根据分析结果，修正初始量表，充分考虑篇首提示语、测量题项布局等问题，生成正式量表。第三，数据采集：通过多种渠道采集数据，用于后续的数据分析。

第五，数据分析法。数据分析法被应用于第5章，主要是采用Amos、SPSS、Mplus等软件分析数据，包括如下六个步骤。第一，数据质量检验：通过独立样本 t 检验，比较早晚样本，检验无应答偏差；通过"Harman单因子检验法"和"控制非可测潜在因子影响法"，检验共同方法偏差。第二，变量描述性统计：描述各变量均值、标准差、偏度、峰度及它们之间的Pearson相关系数，了解相关性、共线性等问题。第三，进行EFA：目的在于验证量表的单维性。第四，信度检验：依据Cronbach'α系数和校正的项总相关系数（corrected-item total correlation，CITC），检验量表的信度。第五，效度检验：内容效度通过文献回顾、企业调研、深度访谈、预测试等手段在正式调研之

---

① "结构→行为→绩效"（structure→conduct→performance，S→C→P）理论范式源于产业组织经济学领域（Caves，1964），其主要逻辑是产业结构决定产业内企业的行为，企业的行为决定该产业内企业的平均绩效。

前加以保证；聚合效度通过验证性因子分析(confirmatory factor analysis,CFA)加以判断；区分效度通过比较某一变量的平均方差抽取量(average variance extracted,AVE)的平方根是否大于它与其他变量之间的 Pearson 相关系数来判断。第六，假设检验：采用普通最小二乘(ordinary least squares,OLS)法,分步构建回归模型,检验关于直接效应和调节效应的假设；依据 Baron 和 Kenny(1986)的思路,检验关于中介效应的假设；借鉴 Monte Carlo Simulation Procedure 的思路,检验关于被调节的中介效应的假设。

第 2 章　理论基础

2.1　生态型企业与企业创新生态系统

2.1.1　生态型企业与企业创新生态系统源启

创新是企业在持续变化的环境中提升竞争优势的关键(许庆瑞,2007)。20 世纪 80 年代以来,世界经济呈现出全球化、网络化、知识化和信息化的发展趋势(Song,2016),产业边界不断融合与变动,市场、制度、顾客需求的多样化成为世界的主要特征,企业经营环境表现出极强的动态性和复杂性(Mcintyre 和 Srinivasan,2017;陈劲和郑刚,2016)。这就导致任何组织都很难拥有创新所需要的全部资源,企业与企业、企业与其他类型组织之间的协同共生成为创新范式发展的新趋势(Lusch 和 Nambisan,2015;梅亮 等,2014)。

在这样的背景下,一些拥有资源优势或规模优势,同时具备资源再组织能力的全国领军企业、行业龙头企业(如华为、海尔、美的),以及部分新生互联网企业(如小米),开始尝试构建企业创新生态系统(West 和 Wood,2013;宋旭岚和许新,2016)。生态型企业依托各种协调机制,合纵连横,将不同形态的参与者纳入企业创新生态系统之中(Perks 等,2017;穆胜,2018)。随着企业创新生态系统的持续发展,生态型企业的业绩不断增长、规模不断扩大,在此过程中,它们还要考虑如何与成员企业实现同生共赢,最终保持整个企业创新生态系统的适应性和可持续性(Fu 等,2017;令狐克睿等,2018)。

与单个企业相比,企业创新生态系统的关注点从要素的随机选择转变到结构化的社群,从要素的构成转变为要素之间、系统与环境之间的互动(Adner 和 Kapoor,2016)。无论是生态型企业,还是成员企业,都不再是单个产业的成员,已经成为横跨多个产业的生态系统的一部分(Vargo 和 Lusch,2016),它们依赖彼此之间的合作甚至竞争,不断创新,输出产品和服务,为客户创造价值(简兆权等,2016)。

2.1.2　企业创新生态系统概念溯源

企业创新生态系统概念本身是一个隐喻(metaphor),来源于自然生态系统。

早在 20 世纪 30 年代,Tansley(1935)就提出了生态系统的概念,并将其界定为"在一个特定地点由生物或与之相关联的物理环境所组成的社群或集合。从这一表述中不难看出,Tansley 所指的实质上就是自然生态系统。42 年后,Hannan 和 Freeman(1977)将生态系统的思想应用于组织研究,他们认为在一个特定边界内具有共同形式的组织构成组织种群(organizational population),组织环境对组织种群的结构和活动方式会产生影响。Moore (1993)则将生态系统的思想运用到商业领域,并提出商业生态系统(business ecosystem)的概念,他认为商业生态系统是基于组织互动的一种经济联合体,企业可以将自己视为生态系统的成员,跨越多个产业领域,在生态系统中通过共生演化提升竞争力和实现创新。基于此,Iansiti 和 Levien(2004)进一步强调商业生态系统是由多个成员相互连接、共同创造并分享价值的系统,生态系统的关键角色应能构建平台,为系统创造和分享价值。

进入 21 世纪后,Adner 与他的合作者在商业生态系统的基础上,进一步提出创新生态系统的概念,并指出创新生态系统实质上是一种协同机制,企业借助这种协同机制将自身与他者相关联,并提供面向客户的解决方案,输出价值(Adner,2006),他们还重点强调创新需要依赖外部环境的变化与生态系统的成员参与(Adner 和 Kapoor,2010;2016)。

依据不同的研究层面,创新生态系统可以细分为国家创新生态系统、区域创新生态系统、产业创新生态系统和企业创新生态系统。企业创新生态系统是指在创新环境下,企业同时利用企业内外部创新资源,各创新主体间基于创意产生、研发到市场化创新全过程交互竞合而形成的创新系统(吕一博等,2015)。我国学者陈劲(2017)在《企业创新生态系统论》一书中对企业创新生态系统进行了深入研究,该书通过回顾组织内部导向的企业创新系统研究和组织外部导向的创新生态系统研究,提出了"基于企业核心能力的企业创新生态系统"(core competence-based firm innovation ecosystem)模型,对企业面向互联网平台的全面创新、面向产业核心技术的创新系统建设等进行理论设计,并强调企业内部核心能力基础与外部创新生态系统建设的平衡和协同是企业创新生态系统建设驱动持续竞争优势提升的关键所在。

综合以上分析,结合本书的研究背景,本书将企业创新生态系统界定为:由生态型企业、成员企业、用户、其他参与者及其所处的创新环境构成的有机整体,他们彼此之间进行着复杂的交互,致力于提高创新活动水平,其中,创新环境包括自然环境(地理位置、景观等)、制度环境(政策、法规、文化等)、市场环境(渠道、网络等)以及其他要素(基础设施、创新服务等)。

2.2　合法性

2.2.1　组织合法性

Suchman(1995)对合法性的定义被广为接受,他认为合法性是"在某一包含规范、价值观、信仰和定义的社会建构系统中,对一个实体的行为是令人满意的、合适的或恰当的一种普遍性感知或假设"。也就是说,合法性是由外部行动者对某实体行为进行感知后做出的主观判断,这些行动者被称为"观众"。从本质上讲,组织的合法性是由观众赋予的,它归根结底存在于观众的眼中(Bitektine 和 Haack,2015)。Suchman(1995)将合法性分为实用(pragmatic)合法性、道德(moral)合法性和认知(cognitive)合法性。其中,实用合法性来源于组织有助于观众达到自我定义的目标和结果;道德合法性来源于社会道德规范和价值观;认知合法性来源于社会信念和被认为理所当然的理解和认知。此外,Scott(1995)将合法性分为规制(regulative)合法性、规范(normative)合法性和认知合法性。其中,规制合法性来源于组织对法律以及其他强制性监管的遵守,通常涉及观众对组织的认可与证明,另外两类与 Suchman(1995)定义的道德合法性和认知合法性相当。

早在 20 世纪 90 年代,Scott(1995)就明确指出,"组织如果想要在它们的社会环境中生存下来并兴旺发达,除了需要物质资源和信息技术之外,还需要其他资源,特别是它们还需要得到社会的认可、接受与信任",这类特别的资源就是组织合法性。随后,学者们更加深刻地认识到,合法性是一种能给组织带来良好绩效和竞争优势,且可以被组织主动操控的、能够帮助组织获取其他资源的重要资源(Zimmerman 和 Zeitz,2002)。因此,有学者将"合法性"直接称为"合法性资源",或者对于二者不加区分地交替使用(曾楚宏等,2008),本书在论证过程中也借鉴了这一处理方式。

合法性主要通过代理变量测量或量表测量。代理变量测量主要有三种方式(Vergne,2011):一是企业对行为标准的采用,这是企业与社会期望一致的信号;二是企业与监管机构的连接,这种连接意味着企业与所在环境的社会匹配性;三是对媒体报道的内容分析,以系数计算正面和负面报道的不平衡性。量表测量主要反映组织行为是否达到制度环境中利益相关者的期望,但是不同的研究对利益相关者的界定存在差异。例如,Certo 和 Hodge(2007)考虑的利益相关者包括顾客、供应商、竞争者和员工;杜运周等(2012)认为在转型经济背景下应增加两个利益相关者——政府和投资者;裴云龙等(2013)则增加了社区公众、公共利益团体,但没有考虑投资者和员工,实际上裴云龙等(2013)在界定利益相关者时考虑了商业连带和政治连带的主体类型;郭海等(2018)将合法性区分为政治合法性和市场合法性,以政府部门作为前者的利益相关者,以同行、顾客、供应商、销售商作为后者的利益相关者。

2.2.2 生态型企业的合法性

生态型企业一般是拥有资源优势或规模优势,同时具备资源再组织能力的全国领军企业、行业龙头企业(如华为、海尔、美的)以及部分新生互联网企业(如小米)(宋旭岚和许新,2016),它们在着手构建企业创新生态系统之前,通过制定和实施合法性获取战略,已经积累了丰富的合法性资源。由于生态型企业在企业创新生态系统中所处的核心位置,它们拥有的合法性成了众多成员企业共享的"合法性公共资源"(legitimacy commons)(Haack 和 Scherer,2010),尤其是对于那些无法凭借以往业绩向用户证明自身实力,又难以独自建立合法性的成员企业而言,生态型企业通过合法性溢出战略向其共享"合法性公共资源",对于提升其存活率就显得尤为重要(杜运周和张玉利,2009)。然而,早在 1968 年,Hardin 就以自然资源为例,在 *Science* 上提出了"公共资源的悲剧"(the tragedy of the commons)这一观点,阐示了那些由最多的人共享的公共资源如海洋、空气等,却只得到最少的照顾。此问题源自每个个体都企求扩大自身可使用的资源,却将资源损耗的代价转嫁给外界。事实上,"公共资源的悲剧"在企业创新生态系统中也在上演——有些成员企业"背靠大树好乘凉",创新意愿低下;有些成员企业为了一己私利,不惜铤而走险,由此产生的负面效应都会殃及生态型企业,破坏其合法性。为破解这一困境,生态型企业必须设计和实施合法性保护战略。

2.3　合法性获取战略

关于合法性的研究主要基于制度和战略两大视角展开,在战略视角下,学者们关注了具体的合法性获取战略(Scott,2008)。

2.3.1　制度视角下的合法性研究

基于制度视角的研究遵循原有制度理论的研究传统,这类研究一般采取超然的立场,以观众的身份向组织内看(looking in)(Elsbach,1994)。研究者把合法性看成一种结构化的信念机制,他们从宏观制度环境层面强调规则、规范、社会理念或文化的作用力,或从中观层面探讨区域制度变革、行业技术动荡、产业结构动态所带来的规则、规范、社会理念或文化的作用力(DiMaggio 和 Powell,1983),在此基础上探讨作为观众感知的组织行为、结构以及惯例与社会规则、规范、社会理念或文化相匹配的程度(Beelitz 和 Merkldavies,2012)。此外,研究者还认为组织面对场域的规制、规范、社会理念或文化作用力时,应采用被动同构的方式,以获取观众认可与信赖,进而获得合法性、赢得生存。所以,获取合法性的过程是个相对被动的同构、适应过程(Meyer 和 Rowan,1977;Zucker,1987)。

2.3.2　战略视角下的合法性研究与合法性获取战略

基于战略视角的研究遵循战略管理的研究传统,研究者以组织管理者的身份由组织内向外看(looking out)(Elsbach,1994),他们认为合法性是一种能够给组织带来互补优势、良好绩效和竞争优势(Suchman,1995),且可以被组织主动操控的关键性资源(Zimmerman 和 Zeitz,2002)。战略视角下的学者指出,组织可以从其所处的文化环境中获得合法性并用于追求业绩目标,这一目标可以通过有效的管理控制来实现。因此,获取合法性的过程是一个积极作为的过程,管理者应该通过一系列的行动,证明组织行为、结构以及惯例与社会规则、规范、社会理念或文化相一致(Wang 等,2014;曾楚宏等,2008)。

基于战略视角,有学者提出三种合法性获取战略——遵从(conformance)(指企业对既有场域制度的服从)、选择(selection)(指企业选择有利于其生存的场域制度)和操控(manipulation)(指企业操纵场域制度以培育公众支持)(Suchman,1995;Scott,2001)。在此基础上,Zimmerman 和 Zeitz(2002)进一步提出组织可以通过能动的创造(creation)获得合法性,即通过创造新制度场域规则,如文化、信仰、标准和价值观等,使得自身行为与新创制度情境相一致,从而获取利益相关者的支持。因此,遵从、选择、操控、创造已经成为学术界公认的四种合法性获取战略。

2.3.3　制度创业

创造被视为一种有效的合法性获取战略,制度创业则为创造的具体体现形式。所谓制度创业是指制度创业者采用制度创业策略说服制度创业对象接受现有制度的变革或全新的制度,进而创造、开发和利用盈利机会的过程(DiMaggio,1988;Maguire 等,2004)。

制度创业必须由某些因素驱动才能发生。制度创业动因可以被归为三类:第一,制度创业者特质,包括教育背景、经验、身份、社会资本、资源情况、地位等(Battilana 等,2009)。第二,制度矛盾,包括合法性与效率的矛盾、制度嵌入与适应性的矛盾、遵守一种制度逻辑与其他制度逻辑不兼容的矛盾、组织同形与组织不同层级中利益不均等的矛盾、监管对象与监管者资源不对称的矛盾（Seo 和 Creed，2002）。第三，外部压力，主要有三种，其中功能压力是指现行制度因其功能问题而导致绩效不佳时，行动主体就会感到功能压力，并会产生改善制度功能进而改善绩效的动机。政治压力是指源自权力和利益分配格局变化，会驱使制度创业者产生改变现行制度的动机，以使制度与政治格局相匹配。社会压力源自社会规范、预期的变化和社会冲突，会导致行动主体对现行制度的正当性提出质疑。

制度创业是一种集体行动，制度创业者可以包括管制机构如政府、专业协会、非政府组织以及企业等（Greenwood 等，2002）。针对"谁更有可能成为制度创业者"这一问题，有的研究者侧重于从制度创业者的特质进行总结，认为具有反思特质的行动主体才能成为制度创业者；也有学者认为，具有丰富社会技能的个人更易成为制度创业者（Fligstein，2001）；Maguire 等（2004）总结出制度创业者必备的三种特定能力：充分理解利益相关者文化规则和管理实践、创建稳定的制度创业联盟、把制度变革理念付诸实践的能力。有的学者则从行动主体所处位置或地位去辨别制度创业者，但他们的观点却存在较大分歧。一些研究认为处于场域边缘位置的成员通常是现有制度的受损者，因而更可能成为制度创业者；另外一些研究则认为居于场域中心位置的成员由于更能够发现现行制度的失衡之处，从而更容易暴露在制度不兼容、不适应、资源不对称和利益错位的矛盾之下，其制度的嵌入性被大大削弱，因而有着更强的制度创业动机（Greenwood 和 Suddaby，2006）。

制度创业策略是制度创业者根据不同利益相关者的特点所开展的一系列互动活动，从而使新制度得以确立与扩散（Suddaby 和 Greenwood，2005）。常见的制度创业策略包括：第一，资源策略，是指制度创业者通过积极调动发起制度创业所需要的资源来换取制度创业对象的支持（Greenwood 和 Suddaby，2006）。第二，话语策略，是指制度创业者谨慎运用说服性语言，使制度创业对象觉察到变革性、主导性制度逻辑与制度变迁模式之间的一致性，进而使变革合法化（Ruebottom，2011）。第三，关系策略，是指制度创业者与该领域的其他成员合作，以协作、联盟、集体行动等方式推动制度创业（Pacheco 等，2010）。第四，认知策略，是指拥有自我认可度与知名度的制度创业者通过发挥文化技能，对制度创业对象施加影响，使其价值观、信念与态度发生转变，从而认知、适应并接纳新制度，稳固新制度（项国鹏和阳恩松，2013）。第五，理由策略，是指制度创业者构建理由并向其他行为者传达，用于说明他们为什么应该支持或至少不抵制变革，可进一步细化为讲故事、建立框架和运用修辞等行为(Battilana 等,2009)。

制度创业的结果是相关文化、信仰、标准和价值观的建立,使得制度创业者的行为与新创制度情境相一致,从而获取利益相关者的支持,获得合法性(DiMaggio,1988;Maguire 等,2004)。

作为一种重要的合法性获取战略,制度创业的研究多聚焦于会计事务所、汽车制造企业等传统组织,类似于生态型企业这样与网络环境关系特别密切的组织还鲜有学者关注。通常意义上讲,网络环境包含组织网络和信息网络两层含义(赵先德等,2016)。组织网络的普及,使得具有不同制度逻辑的行动者高度聚集,激发了制度矛盾,生态型企业往往难以通过“同构获取合法性”(Waeger 和 Weber,2019),这一现实背景凸显了生态型企业通过制度创业获取合法性的必要性;信息网络的普及推动了开放式网络平台的形成,为制度创业者与利益相关者频繁互动创造了条件(Qureshi 等,2016),改变了以往信息不对称的状况,信息传播速度与影响范围急速增大,社会化媒体的影响力显著增强,为个人行动汇集成跨越时空的大规模集体行动创造了条件(Luo 等,2016)。这些特征都是传统情境不具备的,因此,现有制度创业的观点对于生态型企业如何进行制度创业缺乏直接的解释力,对生态型企业制度创业的动因、制度创业的策略、制度创业的结果及其相互关系和影响机理尚需进一步探索。

2.4　合法性溢出战略

2.4.1　合法性溢出的内涵

由于组织自身的复杂性以及观众固有的刻板印象(stereotypes)和有限理性(bounded rationality),每个组织建立合法性的过程并非是完全独立的,它们之间存在一定的关联性(Tost,2011;Courtney 等,2017)。为了解释这一现象,Kostova 和 Zaheer(1999)提出了合法性溢出的概念,并将其诠释为:如果一个基本主体(源头)在保持自身合法性不变的前提下,改变了另一个与之“认知相关”的次级主体(接收者)的合法性,合法性溢出就发生了。

Kostova 和 Zaheer(1999)进一步指出:合法性溢出的源头和接收者如果在

同一个组织层级上,例如,跨国公司的两个子公司,则会发生水平(horizontal)合法性溢出;如果两个主体分别隶属于不同的组织层级,例如,跨国公司和其子公司,则会发生垂直(vertical)合法性溢出,其中,由低层级主体(子公司)向高层级主体(跨国公司)的合法性溢出被称为自下而上(bottom-up)的合法性溢出,反之,由高层级主体(跨国公司)向低层级主体(子公司)的合法性溢出则被称为自上而下(top-down)的合法性溢出。

2.4.2 合法性溢出的意义

Kostova 和 Zaheer(1999)提出合法性溢出这一概念时,是将其作为"社会现实中一种涌现的属性"来看待,但是有大量学者意识到,不能仅将合法性溢出看作一种属性被动地加以对待,它还可以作为"交际互动中被使用的一种战略"(Zimmerman 和 Zeitz,2002;Barnett 和 King,2008;Bitektine,2008;Kostova 等,2008;Yu 等,2008;Desai,2011;Zavyalova 等,2012;Haack 等,2014;Stevens 和 Newenham-Kahindi,2017;Verhaal 等,2017;魏江和王诗翔,2017),尤其对于那些无法通过以往业绩为观众提供合法性证据的成员企业而言(Kostova 和 Zaheer,1999),战略性地与已经具备合法性的组织建立联结(Deephouse 和 Suchman,2008),对合法性溢出所产生的积极效应加以利用(Haack 等,2014),可以作为其克服新入者劣势、突破合法性阈值、提升存活率的重要手段(Zimmerman 和 Zeitz,2002)。

2.4.3 基于层级结构的研究

自 Kostova 和 Zaheer(1999)立足跨国公司提出合法性溢出概念之后,Kostova 等(2008)、魏江和王诗翔(2017)也对跨国公司中的合法性溢出进行了探讨。还有学者关注产业中的合法性溢出(Zimmerman 和 Zeitz,2002;Barnett 和 King,2008;Goins 和 Gruca,2008;Yu 和 Lester,2008;Yu 等,2008;Jonsson 等,2009;Desai,2011;Zavyalova 等,2012;Verhaal 等,2017),与跨国公司相比,产业的边界更加宽泛,它是指具有同类属性的企业经济活动的集合。如果说产业是更具经济属性的概念,那么,组织种群则是更具社会属性的概念,它被视为社会类别的一个等级嵌套,例如,来自相同母国的海外公司,它还可以进一步被划分为若干亚种群。Li 等(2007)、

Bitektine(2008)、Kuilman 和 Li(2009)、Stevens 和 Newenham-Kahindi(2017)立足组织种群探讨了合法性溢出的问题。从总体上看,跨国公司、产业、组织种群都有层级式的树状结构(Kostova 和 Zaheer,1999;Haack 等,2014),在这种结构中,低层级主体继承了高层级主体的特征(Porac 和 Thomas,1990),它们在产品系列、组织结构、治理体系等方面具有一定的相似性(Haack 等,2014)。在各低层级主体身上体现出的最常见的共有特征代表了低层级主体的中心趋势,被称为"原型"(prototype)(Mervis 和 Rosch,1981)。Haack 等(2014)将跨国公司、产业、组织种群所代表的情境统称为"层级结构"。

在层级结构中,低层级主体继承了高层级主体的特征(Porac 和 Thomas,1990),无论是低层级主体与高层级主体之间,还是各低层级主体之间,都会呈现出相似性,在观众的眼中它们是"认知相关的",隶属于同一个"认知类别"(Murphy,2002)。这就导致在外部刺激的激发下,观众首先对接收者与源头的相似性(启发式属性)进行判断,形成一种认知,据此再对接收者的合法性(目标属性)进行评价。这一过程被称为"基于相似性的属性替代"(similarity-based attribute substitution),基本逻辑脉络是"外部刺激→接收者与源头的相似性→接收者的合法性"(见图 2-1)。

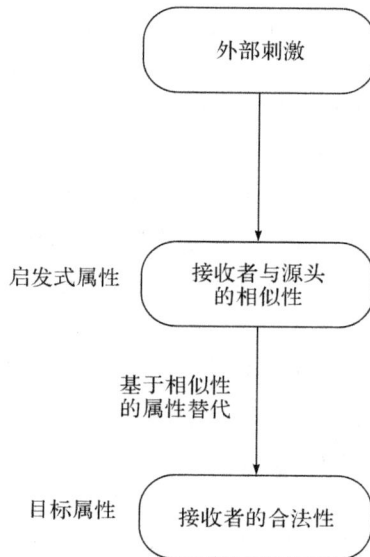

图 2-1　基于相似性的属性替代的逻辑图

　　与合法性溢出战略相关的研究几乎都是立足层级情境展开的。这些研究秉承的逻辑是接收者的客观特征或源头的客观特征会对"接收者与源头的相似性"产生影响，并以之为桥梁作用于接收者合法性。与源头相关的客观特征包括组织形式的复杂性（Yu 等，2008）、组织形式的清晰度（Yu 等，2008）、公司的市场地位（Goins 和 Gruca，2008）、公司的网络中心性（Yu 和 Lester，2008）等；与接收者相关的客观特征包括公司的发展阶段（Kostova 和 Zaheer，1999；Zimmerman 和 Zeitz，2002）、公司的市场地位（Yu 等，2008）、公司的声誉（Yu 和 Lester，2008）等；与源头和接收者均相关的客观特征包括组织形式（Yu 等，2008；Jonsson 等，2009；Desai，2011）、组织资源配置方式（Goins 和 Gruca，2008）、组织地理位置（Yu 和 Lester，2008）、组织结构（Yu 和 Lester，2008）等。

2.4.4　基于网状结构的研究

　　以跨国治理计划（transnational governance scheme）为代表的网状结构受到了极个别学者的关注（Haack 等，2014）。跨国治理计划是一个跨越国界的组织间网络，其附属机构包括政府、非政府组织、国有企业、私营企业等，它们种类庞杂，相似度很低，不具备直接的可比性，难以呈现出中心趋势。此外，跨国治理计划并非依托于井然有序的、具备特征继承性的树状结构（Murphy，2002；Durand 和 Paolella，2013），它主要通过非官方协会或公私混合伙伴关系制定和执行关于全球问题的政策条例（Hale 和 Held，2011），是一个围绕社会目的而构建的、松散的、非层级的多组织网络结构。

　　在网状结构中，面对难以直接接近的接收者，观众会选择容易接近的源头为跳板，将与源头相关的外部刺激，同自己心中的"抽象理想"（abstract ideal）相对照，由此评价源头与抽象理想的适配性。当适配性较高时，观众会对源头产生积极的情感反应，反之，则会产生消极的情感反应。这些情感反应构成了启发式属性，观众以此为参照，对接收者的合法性（目标属性）进行评价。这一过程被称为"基于情感的属性替代"（affect-based attribute substitution），其基本逻辑是"外部刺激→观众对于源头的情感反应→接收者的合法性"（见图 2-2）。其中，抽象理想源于观众已有知识结构，它描述了观众认可的一系列特征（Voorspoels 等，2013），这是一个基于责任、公平和良好品格的一般性概念（Lange 和 Washburn，2015），它使观众在对源头进行评估之前就建立预期,为观众进行快速的、联想式的、自发的评估提供了基准和认知参考点(Tost,2011)。

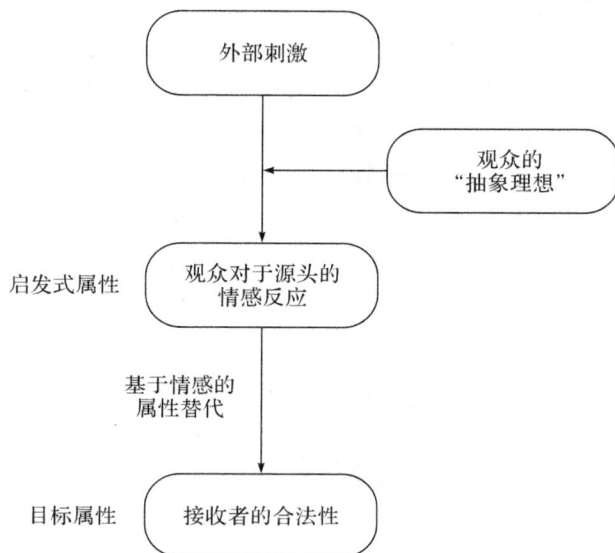

图 2-2　基于情感的属性替代的逻辑图

如图 2-2 所示,在网状结构中,组织可以通过"外部刺激"战略性地操控"观众对于源头的情感反应",进而控制接收者的合法性。仅见以 Haack 等(2014)为代表的极个别学者基于网状结构展开相关研究,他们发现媒体对源头的报道对合法性溢出结果具有影响。

2.4.5　现有研究的局限之处

现有研究虽然为我们了解合法性溢出战略提供了初步的理论参考,但是它们在具体解释生态型企业合法性溢出战略时仍显得乏力,主要体现在以下两个方面。

第一,现有研究无法解释生态型企业合法性溢出战略是什么。现有研究虽然已经意识到源头特征或接收者特征的改变,或者媒体对源头进行报道,会影响观众对于合法性溢出结果的判断,但是现有研究并未真正从组织战略的高度对这些因素进行审视和考量,对于如何有目的地操控这些因素,也没有做出解释。因此,现有研究中的发现只能被视为合法性溢出的影响因素,可以为生态型企业制定合法性溢出战略提供初步的切入点，并不能直接为生态型企业合法性溢出战略所用。

第二，现有研究无法动态地揭示生态型企业合法性溢出战略发挥作用的机理。生态型企业与成员企业相互协同，形成企业创新生态系统（刘绍荣等，2019）。随着时间的推移，进入企业创新生态系统的成员企业愈加庞杂（例如，小米的孵化领域由生产手机周边产品、智能硬件的成员企业，向生产生活耗材的成员企业不断扩散），企业创新生态系统也将由层次明晰的层级结构向层次模糊的网状结构转变（李雷，2019）。现有研究在识别出合法性溢出影响因素的基础上，立足层级结构或网状结构截面性地揭示了这些影响因素如何作用于接收者的合法性，但是无法动态地解释从层级结构向网状结构演变过程中，这些影响因素发挥作用的机理。这就为我们动态地把握生态型企业合法性溢出战略如何作用于成员企业合法性，其中涉及哪些中间环节，各环节之间的关系如何，带来了障碍。事实上，以"结构→行为→绩效"为底层逻辑（Caves，1964），对战略管理学进行全面洗礼的"波特革命"，特别强调产业结构对企业战略选择的触发作用（Porter，1985）。借鉴此观点，本书拟扬弃现有研究纯粹将层级结构或网状结构视为合法性溢出发生背景的处理方式，尝试将其作为生态型企业合法性溢出战略的触发因素引入理论体系，遵循"结构特征→溢出战略→溢出结果"的逻辑框架，展开纵向研究，由此动态地揭示生态型企业合法性溢出战略发挥作用的机理。

2.5 合法性保护战略

2.5.1 制定合法性保护战略的两种思路

生态型企业的合法性之所以会遭到成员企业破坏，主要有两个原因（Kostova 和 Zaheer，1999；Haack 等，2014）。

原因一：成员企业与生态型企业存在认知相关，为用户依据成员企业的合法性评价生态型企业的合法性创造了条件。

原因二：成员企业存在低水平的创新意愿或者存在不端行为，导致用户依据成员企业的合法性对生态型企业的合法性做出负面评价。

　　新制度理论视角下的相关观点可以为我们解决上述问题提供启发,实质上也为我们制定合法性保护战略提供了两种思路。

　　思路一(对应原因一):新制度理论学者提出了解耦(decoupling)的概念(Meyer 和 Rowan,1977),此概念意味着组织间可以通过松散耦合来降低彼此之间的影响(Misangyi,2016)。在具体研究中,学者们将"解耦"进一步概念化为组织间的分隔机制,认为通过该机制可以降低某企业与周边问题企业的认知相关,实现合法性保护(Haack 等,2014;Sinha 等,2015;魏江和王诗翔,2017)。

　　思路二(对应原因二):新制度理论学者提出组织场域的概念(DiMaggio 和 Powell,1983),将其界定为"包括关键的供应商、原料与产品购买商、规制机构以及其他提供类似服务与产品的组织等聚合在一起,所构成的一种被认可的制度生活领域"。在社会与社区变迁中,组织场域已经成为联系组织层次与社会层次的重要分析单元,不仅限于相互竞争的组织形成的互动网络,还包括与"焦点组织"相关的"行动者"。把这些观点置于本书的研究背景下,意味着将生态型企业这一"焦点组织"与其相关的"行动者"(成员企业等)组成的企业创新生态系统视为一个组织场域(Ansari 和 Philips,2011),通过打造组织场域治理机制,即企业创新生态系统治理机制,形成制度压力(彭正银和吴晓娟,2019),进而主动地从源头上控制成员企业的意愿或行为,在理论上是可行的(Iansiti 和 Levien,2004;Julian 等,2008;Scott,2008)。

2.5.2　分隔机制

　　有个别学者对分隔机制进行了初步探索。例如,Haack 等(2014)的概念性研究表明:接收者并不应一味地与源头保持高度的耦合,当源头的行为与观众的期盼存在偏差时,接收者应主动地与源头进行分隔(如减少合作、发布声明或脱离关系),这种分隔机制会降低消极合法性溢出对接收者的影响,有时甚至会促成积极合法性溢出的发生。此外,Sinha 等(2015)利用纵向案例研究法探讨了并购后整合(post-merger integration)阶段,并购企业如何通过分隔机制调整自身与发生问题的并购对象之间的关系,进而降低这些问题企业对于自身合法性的侵害。魏江和王诗翔(2017)也通过纵向案例研究发现,源头(关键海外子公司)并不是一味地与接收者(母国总部或其他海外子公司)保持高度的耦合。当源头的行为与观众的期盼存在偏差时,它会通过组织结构设计与接收者相分隔；而当源头的行为受到观众认可时，它会主动地提升与接收者的耦合程度，这就保证了接收者能够最大限度地从合法性溢出中受益。

综合这些研究的结论，我们可以将分隔机制理解为一系列措施，这些措施通过降低两个行动主体之间的一体化程度，来弱化观众对于二者之间相关性的认知，主要体现为发表声明、脱离关系、减少合作等。分隔机制在短期内临时解决突发性问题是有效的、也是必要的，但不能将其作为长效机制来使用，它存在失效的边界。主要原因有三：首先，分隔机制是被动型的，往往在成员企业发生问题后才被生态型企业所采用，此时不良结果已经产生；其次，为了提升分隔机制的效力，生态型企业必须对成员企业进行实时监控，只有这样才能精准地锁定存在问题的成员企业，第一时间提升与它们的分隔程度，因此，监控成本高；其次，分隔机制仅仅作用于生态型企业与成员企业的关系层面，并未从源头上抑制成员企业的不端行为、提升它们的创新意愿。

2.5.3　企业创新生态系统治理机制

（1）企业创新生态系统治理机制的理论基础

企业创新生态系统是一种具体的组织场域（Scott，2008），组织场域治理机制的相关观点可以为我们研究企业创新生态系统治理机制提供理论基础。

为保证组织场域高效运转，学者们对组织场域治理展开研究，并将其解释为一些"安排，它通过共识所产生的机制，通过等级制权威，或者通过强制性手段，支持某一系列行动者对另一系列行动者进行常规的控制"（Scott 和 Davis，2007）。治理主体、治理对象和治理机制是组织场域治理的三大要素，治理主体在面对组织与环境的互动关系时，并非过度强调自上而下的制度化构成以及由此引发的组织同构，还能通过自身或者与其他组织联合进行的集体行动，推动治理机制的构建，由此约束治理对象的意愿或行为（Julian 等，2008；Peng 等，2009；魏江和李拓宇，2018）。

可以说，治理机制是一个可塑性很强的要素，从本质上讲它是组织场域内的制度，通常被归纳为组织场域规制（regulation）、组织场域规范（norm）和组织场域文化（culture）三类。随着治理机制的不断完善，组织场域中各行动者的结构与行动被不断塑造，组织场域的结构化程度逐渐升高。具体体现为场域中组织间互动更加频繁，需要处理的信息量不断增加，出现支配性的组织间结构与共谋模式,从事同一事业的组织相互知悉的形成(Giddens,1979;DiMaggio 和 Powell,1983;Scott 等,2000)。

(2)企业创新生态系统治理机制的内涵与类别

本项目将企业创新生态系统界定为:由生态型企业、成员企业、用户、其他参与者及其所处的创新环境构成的有机整体,他们彼此之间进行着复杂的交互,致力于提高创新活动水平,其中,创新环境包括自然环境(地理位置、景观等)、制度环境(政策、法规、文化等)、市场环境(渠道、网络等)以及其他要素(基础设施、创新服务等)。基于这一概念,遵循组织场域治理的基本观点,同时借鉴企业创新生态系统治理机制的已有研究结论,本项目将企业创新生态系统的治理主体界定为生态型企业,将它的治理对象界定为成员企业,将它的治理机制视为制度环境中的要素,并归纳为以下三类。

第一,企业创新生态系统规制:是指生态型企业依托政府颁布的政策指令,通过互补惩罚、政策引导等行政手段,对成员企业进行干预的一类治理机制,其核心逻辑是成员企业对企业创新生态系统内正式制度安排的集体遵从(Braunstein-Bercovitz 等,2014;Latusek 和 Ratajczak,2014;Felin 和 Zenger,2014)。

第二,企业创新生态系统规范:是指生态型企业依托企业创新生态系统内形成的非正式制度规范,对成员企业进行干预的一类平级化治理机制,其核心逻辑是成员企业对企业创新生态系统内自发形成的诚信规范、声誉和集体惩罚等非正式制度安排的集体遵从(Griffith 和 Tengnah,2005;Howells,2006;Provan 和 Kenis,2007;Von Hippel,2007;Fauchart 和 Von Hippel,2008;张运生和邹思明,2010)。

第三,企业创新生态系统文化:是指生态型企业依托企业创新生态系统内长期以来形成的关于社会性质的共同理解以及建构意义的认知框架,对成员企业进行干预的一类治理机制,其核心逻辑是成员企业对各方都能接受的角色、角色关系以及惯例的集体遵从(Thornton 等,2012;吴绍波和顾新,2014)。

综上所述,我们已经可以清晰地刻画企业创新生态系统治理机制的内涵与类别,并预判可以通过打造此类治理机制,形成制度压力,主动地从根源上控制成员企业的意愿或行为,但是针对这一预判还缺乏系统的理论推演和严格的实证检验。此外,企业创新生态系统治理机制也不能"包治百病",它虽然可以在企业创新生态系统层面形成制度压力,从源头上控制成员企业的意愿或行为,具有一定的前瞻性和长效性,但此类机制的打造及治理效应的发挥均需要一定周期,因此,在解决突发问题时就显得不是那么有效。

(3)企业创新生态系统治理机制从何而来

企业创新生态系统治理机制的形成不是一蹴而就的,需要经历一个过程(王勇和戎珂,2018),但是现有文献对此问题还缺乏解释,这就为我们从源头上动态地把握企业创新生态系统治理机制的涌现过程造成了障碍。本项目将企业创新生态系统治理机制视为企业创新生态系统这一组织场域内的制度要素,基于这一逻辑,新制度理论视角下制度创业(institutional entrepreneurship)的相关观点可以为我们解决企业创新生态系统治理机制从何而来的问题提供支撑(Bhatt 等,2019)。本书 2.3.3 节已经对制度创业的相关理论基础进行了综述,此处不再赘述。

2.5.4　整合分隔机制与企业创新生态系统治理机制的必要性

分隔机制、企业创新生态系统治理机制可以作为生态型企业保护自身合法性的两种战略,但是二者均存在短板:一方面,分隔机制属于被动应急型的保护战略,虽然能在短期内解决突发问题,但是它属于事后控制,监控成本高,且无法从根源上控制成员企业的意愿或行为,所以不能将其作为长效机制来使用;另一方面,企业创新生态系统治理机制属于主动长效型的保护战略,虽然能够通过制度压力,从源头上对存在问题的成员企业进行控制,但是此类机制的打造及其效应发挥均需要一定的周期,所以对于解决突发问题适用性有限。从总体上看,两类机制的特征及其能够发挥的效应是相互补充的。因此,可以尝试将被动应急型的分隔机制与主动长效型的企业创新生态系统治理机制加以整合,纳入同一个理论框架,进而打造出生态型企业合法性的双层保护战略。

2.6　文献述评

文献研究表明:生态型企业的出现推动了企业创新生态系统的产生,关于企业创新生态系统的研究重点聚焦于人力、设备、资金、知识、技能等资源,一种"能够帮助组织获取其他资源的重要资源"——合法性资源,却没有受到重视。就现实情况而言,生态型企业通过制定和实施合法性战略,积累合法性资源,并将其共享给成员企业,十分常见。生态型企业合法性战略通常体现为合法性获取战略、合法性溢出战略和合法性保护战略,学术界对这三个方面均有所关注,相关研究成果可以为我们理解生态型企业合法性战略提供理论铺垫,但仍存在如下理论缺口。

2.6.1　合法性获取战略

在网络环境下,制度创业是生态型企业最为重要的合法性获取战略,与之相关的研究多聚焦于会计事务所、汽车制造企业等传统组织,类似于生态型企业这样与网络环境关系特别密切的组织还鲜有学者关注。通常意义上讲,网络环境包含组织网络和信息网络两层含义(赵先德等,2016),组织网络的普及,使得具有不同制度逻辑的行动者高度聚集,激发了制度矛盾,生态型企业往往难以通过"同构"获取合法性(Waeger 和 Weber,2019),这一现实背景凸显了生态型企业通过制度创业获取合法性的必要性;信息网络的普及推动了开放式网络平台的形成,为制度创业者与利益相关者频繁互动创造了条件(Qureshi 等,2016),改变了以往信息不对称的状况,信息传播速度与影响范围急速增大,社会化媒体的影响力显著增强,为个人行动汇集成跨越时空的大规模集体行动创造了条件(Luo 等,2016)。这些特征都是传统情境不具备的,因此,现有制度创业观点对生态型企业如何进行制度创业缺乏直接的解释力,生态型企业制度创业动因、制度创业策略、制度创业结果及其相互关系和影响机理尚需进一步探索。

2.6.2　合法性溢出战略

合法性溢出文献仅识别了合法性溢出的影响因素,并未从战略高度对这些因素进行审视,相关结论只能为生态型企业制定合法性溢出战略提供切入点,并不能直接作为合法性溢出战略使用。此外,这些研究几乎都是截面研究,难以动态解释在情境非同质性演变过程中,合法性溢出影响因素发挥作用的路径,然而,生态型企业所立足的情境——企业创新生态系统,恰恰存在一个非同质性演变的过程。本项目认为一个可行的解决思路是:不能将情境纯粹地视为合法性溢出的外生因素,而应该将其作为内生因素引入合法性溢出理论框架,遵循"情境→战略→结果"的思路展开研究。

2.6.3 合法性保护战略

新制度理论中关于解耦和组织场域的观点为生态型企业设计合法性保护战略提供了两种思路——分隔机制和企业创新生态系统治理机制。两类机制均存在短板但又相互补充:一方面,分隔机制在短期内临时解决突发性问题是有效的,也是必要的,但它属于事后控制,监控成本高,且无法从根源上控制成员企业的意愿或行为,不具有长效性;另一方面,企业创新生态系统治理机制虽然能够通过制度压力从源头上对存在问题的成员企业加以控制,但此类机制的打造及效应发挥均需要一定周期,对于解决突发问题适用性有限。因此,将分隔机制和企业创新生态系统治理机制纳入同一个框架,是解决单一机制存在短板的可行思路。然而,在这一整合框架中,如何对两类机制进行操作化定义和测度,它们的组合方式如何,它们分别或共同发挥作用的机理是什么,企业创新生态系统治理机制从何而来,均有待探索。

第3章 生态型企业合法性获取战略的案例研究

3.1 引 言

网络环境的普及使得生态型企业如雨后春笋般迅速涌现。这些生态型企业往往依托信息技术,搭建起虚拟的网络平台,并以此为支点,加强自身与用户互动,或者撮合多边用户之间互动,通过激发网络效应,巧妙地从中获利(Teece,2018;李雷等,2016)。然而,现实情况表明,很多生态型企业的存活率并不高,有些甚至是"见光死",而且其中还不乏一些拥有技术、资金、人才等资源的资源丰裕的生态型企业。究竟是什么原因导致这一问题的产生?事实上,早在20世纪90年代,制度领域的学者Scott(1995)就告诫我们:"组织如果想要在它们的社会环境中生存下来并兴旺发达,除了需要物质资源和信息技术之外,还需要其他资源,特别是它们还需要得到社会的认可、接受与信任",这类特别的资源就是合法性。面对残酷的现实以及Scott(1995)的忠告,网络环境下的生态型企业必须认真思考,通过何种手段才能获取合法性,进而突破合法性阈值、提升存活率。

遵从、选择、操控和创造是四种公认的合法性获取手段(Suchman,1995;Zimmerman和Zeitz,2002),其中,操控和创造被统称为制度创业(Zimmerman和Zeitz,2002;Suddaby和Greenwood,2005)。生态型企业是网络环境的产物,组织网络的普及,使得具有不同制度逻辑的行动者高度聚集,激发了制度矛盾(Bjerregaard和Jonasson,2014;Waeger和Weber,2019),加之生态型企业制度设计较为复杂且特色各异,因此,很难形成业界公认的、可供效仿的

"制度标杆"，这就导致生态型企业难以通过遵从和选择来获取合法性。与之形成对比的是，基于信息技术搭建的虚拟平台，极大地加强了生态型企业与其他行动者之间的异质性连接和交互（Qureshi 等，2016），由此形成的信息网络，为生态型企业与其他行动者共创新思想、新观点、新制度，提供了一片沃土（Smets 等，2012），这就使得制度创业成为生态型企业获取合法性可行的手段。

现有文献重点关注了会计、医疗等行业中的企业（Tracey 等，2011），如何通过制度创业策略，说服与之相关的行动者（Hardy 和 Maguire，2017）接受其推崇的新组织形式、新实践、新技术等制度形式，从而帮助企业获取合法性（Maguire 等，2004；Greenwood 和 Suddaby，2006）。与之相关的研究结论虽然对于网络环境下生态型企业的制度创业具有一定的解释力，但仍存在如下理论缺口：一方面，生态型企业具有明显的"平台属性"，这一属性为其打破时空的限制，充分依托网络平台、利用网络效应进行制度创业提供了更大的想象空间，这种背景下，必将有与"平台属性"息息相关的制度创业策略涌现（杜运周和张玉利，2012），但是这些制度创业策略究竟是什么，现有文献还难以做出明确的解释。另一方面，在现有的制度创业文献中，几乎都潜藏着一个假设——制度创业策略必将导致企业获取合法性，因此，学者们把关注点主要集中在"制度创业策略是什么"，对于制度创业策略帮助企业获取合法性的路径缺乏探讨，因此，我们对于二者之间的作用机理还知之甚少。

为弥补上述理论缺口，本章提出两个研究问题：第一，网络环境下生态型企业的制度创业策略是什么？第二，网络环境下生态型企业制度创业策略对合法性获取的作用机理如何？下文首先通过文献回顾，形成研究框架；随后，运用扎根理论对小米公司进行案例研究，提出研究命题，构建理论模型；最后，阐明本章的贡献、启示和结论。这些研究结论有助于推动制度创业的相关观点向网络环境下生态型企业这一新兴主体繁衍和深化，可以丰富制度创业的理论积累及解释情境（Greenwood 等，2014），对网络环境下生态型企业设计制度创业策略、突破合法性阈值具有实践指导意义。

3.2 理论回顾与研究框架

3.2.1 网络环境与生态型企业

在现有文献中,网络环境主要包括两层涵义,其一为组织网络,正如 Teece(2018)所指出的:信息技术革命使组织不再仅仅通过市场交易与其他组织相连接,而是每个组织都可以通过网络与其他一个或多个组织紧密关联,由此形成了一个"你中有我,我中有你"的组织网络;网络环境的另一层涵义是信息网络,信息技术把我们带入了"信息大爆炸"的时代,各组织之间的信息相互交融与共享,因此,所谓的网络环境,绝不仅仅带来了各组织间的连接,实质上,在这种连接中,存在一个充满着海量信息的信息网络。

虽然生态型企业自古便有,但是网络环境所具备的普及性、便利性、低成本、易用性等特征,充分引领了当今生态型企业的发展方向。在网络环境下,生态型企业所构建的平台具体体现为基于信息技术的、虚拟的网络平台,这一支点的存在,大大增强了生态型企业与用户,或者各边用户之间的互动,使得用户深度嵌入到生态型企业的战略制定、运营管理、营销策划等活动之中(Angeloska-Dichovska 和 Mirchevska,2017),与此同时,通过频繁互动所激发出的网络效应,也会反作用于网络环境,使网络环境的特征、边界、形式等发生改变(Luo 等,2016)。

3.2.2 制度创业

学者们认为,制度创业是制度创业者认识到改变现有制度或建立新制度所蕴含的潜在利益,建立并推广取得认可所需的规则、价值观、行为模式和信念的活动(DiMaggio,1988;Fligstein,2001;Zimmerman 和 Zeitz,2002;Maguire 等,2004)。制度创业的实质是制度创业者采取制度创业策略说服其他行动者相信现有制度安排的非法性和新安排的合法性(Tost,2011),从而使其放弃现有制度并引入新制度,然后确保这些制度安排得到其他行动者的广泛采纳和认可（Hardy 和 Maguire，2017）。

现有研究大多关注会计、医疗等行业中的制度创业者（Tracey 等，2011），通过种种制度创业策略，说服政府、行业协会、利益相关者接受其推崇的制度安排。学者们所关注的制度创业策略主要包括：第一，资源策略，是指制度创业者通过积极调动发起制度创业所需要的资源来换取制度创业对象的支持（Greenwood 和 Suddaby，2006）。第二，话语策略，是指制度创业者谨慎运用说服性语言，使制度创业对象觉察到变革性、主导性制度逻辑与制度变迁模式之间的一致性，进而使变革合法化（Ruebottom，2011）。第三，关系策略，是指制度创业者与该领域的其他成员合作，以协作、联盟、集体行动等方式推动制度创业（Pacheco 等，2010）。第四，认知策略，是指拥有自我认可度与知名度的制度创业者通过发挥文化技能，对制度创业对象施加影响，使其价值观、信念与态度发生转变，从而认知、适应并接纳新制度，稳固新制度（项国鹏和阳恩松，2013）。第五，理由策略，是指制度创业者构建理由并向其他行为者传达，用于说明他们为什么应该支持或至少不抵制变革，可进一步细化为讲故事、建立框架和运用修辞等行为（Battilana 等，2009）。

网络环境的普及，尤其是生态型企业的大量涌现，给传统的制度创业研究带来了巨大的冲击。低成本、不受时空约束的网络平台，为生态型企业与利益相关者互动提供了高效的媒介，改变了以往信息不对称的局面。此外，网络平台的存在使得信息传播速度与影响范围急速增大，社会化媒体的影响力明显增强，将个人行动汇集为跨时空的大规模集体行动已经易如反掌（Luo 等，2016）。这种背景下，网络平台就成了生态型企业制定制度创业策略的重要着力点，也必将会有与"平台属性"息息相关的制度创业策略涌现（杜运周和张玉利，2012）。

然而，由于制度创业背景（网络环境未普及 VS 网络环境普及）、制度创业者（会计、医疗等行业中的企业 VS 生态型企业）、制度创业对象（政府、行业协会、利益相关者 VS 网络平台用户）存在显著差异，现有的制度创业策略对于网络环境下生态型企业是否适用，以及网络环境下生态型企业是否会采用新的制度创业策略，我们均不得而知，有待探索。

3.2.3　合法性

组织进行制度创业的目的是获取合法性。Suchman(1995)将合法性定义为"在某一包含规范、价值观、信仰和定义的社会建构系统中,对一个实体的行为是令人满意的、合适的或恰当的一种普遍性感知或假设"。也就是说,合法性是由外部行动者对某实体的行为进行感知后做出的主观判断,这些做出判断的外部行动者被称为观众(Bitektine,2011)。合法性通常被划分为规制合法性、规范合法性和认知合法性三类(Meyer 和 Rowan,1977)。其中,规制合法性来源于组织对法律以及其他强制性监管的遵守,通常涉及外部行动者(如政府或专业机构)对组织的认可与证明(Meyer 和 Rowan,1977;Scott,2008);规范合法性来源于社会道德规范和价值观,关键是要遵从控制组织所需资源的人的规范和价值观(Zimmerman 和 Zeitz,2002);认知合法性来源于社会信念和被认为理所当然的理解和认知(Meyer 和 Rowan,1977),这构成了组织合法性中最重要与最持久的部分(Greenwood 等,2002)。

起初,学者们遵循制度视角来研究合法性,他们认为组织处在制度环境之中,只有被动地遵守外部制度,才能获取合法性(Meyer 和 Rowan,1977)。后来,有学者指出,合法性是一种"能够帮助组织获取其他资源的重要资源",组织可以通过遵从、选择、操控和创造四种手段,主动地获取合法性(Suchman,1995;Zimmerman 和 Zeitz,2002),由此形成了合法性研究的战略视角。制度视角和战略视角下的学者所理解的合法性,均为 Suchman(1995)所谓的"一种普遍性感知或假设"(Haack 等,2014),它反映了社会群体对组织的集体认可程度(Bitektine 和 Haack,2015),这是集体层面的合法性。然而,合法性归根结底在个体观众的眼中,因此,有学者将制度理论与社会心理学理论相结合,基于观众的视角探讨组织合法性。观众视角下的研究认为,观众首先立足个体层面对组织进行"观众合法性判断",即形成个体层面的合法性,在此基础上,判断的结果汇集成集体层面的合法性(Bitektine,2011;Tost,2011;Bitektine 和 Haack,2015)。

3.2.4　制度创业与合法性

战略视角下的学者对制度创业与合法性之间的关系展开了研究。这些学者认为，当组织发现现有制度不符合其利益需求，或者外部环境中存在新的机会时，组织就会扮演制度创业者的角色，它们通过种种制度创业策略，为它们认为适当的新制度寻求合法性（Dacin，2002），以获得观众认可（Micelotta 等，2017）。然而，综观制度创业文献，似乎均潜藏着一个假设——通过制度创业策略可以获取合法性（项国鹏和黄玮，2016；迟考勋和项国鹏，2016），因此，学者们将研究重点放在"制度创业策略是什么"这一问题上（Suddaby 等，2017），对于通过制度创业策略帮助组织获取合法性的路径却关注不足（苏郁锋等，2019），这一研究局限的存在阻碍了我们进一步打开制度创业策略与组织合法性获取之间的"黑箱"，尤其对于制度创业策略相关研究成果的转化、实施和落地将会产生阻碍。

　　本章认为将观众视角与战略视角相整合，可以为这一问题的解决提供有效的思路。首先，战略视角下的合法性研究关注了"制度创业策略→组织合法性获取"这一逻辑脉络，其中所谓的合法性是"一种普遍性感知或假设"，这是集体层面的合法性。其次，观众视角下的合法性研究重点关注"观众合法性判断→组织合法性获取"这一逻辑脉络，该视角认为观众首先立足个体层面对组织进行"观众合法性判断"，即形成个体层面的合法性，在此基础上，判断的结果最终汇集成集体层面的合法性。最后，回归到制度创业的本质以及本章所关注的平台情境，决定生态型企业生死存亡的最直接因素就是一个个具体的网络平台用户（即观众），因此，网络平台用户也应当成为生态型企业最直接的制度创业对象。基于这一思路，本章认为，生态型企业所设计的制度创业策略，应当首先作用于观众合法性判断，然后再以此为桥梁，对生态型企业合法性获取产生影响，其整体逻辑脉络可表示为"生态型企业制度创业策略→观众合法性判断→生态型企业合法性获取"。

3.2.5　研究框架

　　综合上述分析，提出研究框架（见图 3-1），目的在于指导后续的数据分析及理论阐述，进而使研究工作集中在一个理论范畴内展开，便于与现有文献进行对话，揭示理论贡献。

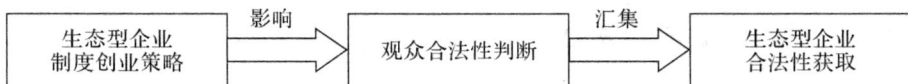

图 3-1　生态型企业制度创业策略与合法性获取的研究框架

3.3　研究方法

3.3.1　方法选择

本章重点解决"网络环境下生态型企业的制度创业策略是什么"以及"网络环境下生态型企业制度创业策略对合法性获取的作用机理如何",这是关于"是什么"和"如何"的问题,适合基于扎根理论进行案例研究。此外,单案例研究能够在讲好故事的基础上,深入理解案例发生的情景,保证案例研究的深度,从而归纳出更具洞察力的理论(Dyer 和 Wilkins,1991),以弥补过去研究的不足,因此,本章选取单一案例作为研究对象。

3.3.2　案例选择

本章选择小米科技有限责任公司(后简称"小米公司")作为案例研究对象,主要原因在于:成立于 2010 年 4 月 6 日的小米公司,依托 MIUI 平台,吸引用户深度参与手机操作系统的开发,在此过程中,小米公司设计出种种极具"平台属性"的策略,使得小米公司所推崇的"用互联网做手机"的模式深入人心,积累了海量的"米粉",为小米公司后续手机业务以及其他相关业务的开展奠定了坚实的基础。因此,小米公司联合创始人曾经讲到:先有 MIUI,再有"米粉",然后才有小米手机。时至今日,小米公司已经成为最年轻的世界 500 强企业,而小米公司首创的"用互联网做手机"的模式已经在业界独树一帜,彻底打破了传统的手机产销模式,得到了社会的高度认可。因此,选择小公司作为案例研究对象,符合"理论抽样"的原则,也能够体现出"启示性个案"的特征。

3.3.3　数据收集

2010 年 8 月 16 日,MIUI 系统内测版发布,小米公司开始通过 MIUI 平台与用户频繁互动,反复迭代升级 MIUI 系统,其作为生态型企业的属性已经开始显现,故本章将此作为数据收集的时间起点。2014 年 8 月 15 日,小米公司官方出版《参与感》,本书实质上是对小米公司"用互联网做手机"这一模式的系统总结,从这个角度讲,"新创"二字在小米这一生态型企业身上已经退去,故本章将此作为数据收集的时间终点。

本章主要通过三种途径收集数据:第一,广泛搜集与小米公司相关的报刊、新闻报道、研究报告、网站信息、学术论文等,获取二手资料,其中,小米公司官方出版的《参与感》《小米生态链战地笔记》,小米公司内部刊物《饭米粒》,小米公司高管的报告或讲话是最为重要的二手资料。第二,对相关人员进行了半结构化的面对面访谈,获取一手数据,访谈提纲如表 3-1 所示,访谈对象包括:小米公司内部的 3 名研发人员;小米之家以及小米授权店的 2 名主管和 4 名员工;小米用户 9 人,其中,1 名来自线上论坛,8 名为线下"米粉"。同时,借助电话、微信、QQ、邮件等手段,对上述人员进行追踪性的非正式访谈,以对正式访谈进行补充。第三,通过参加会议、讲座、沙龙等途径获取相关资料。

表 3-1　访谈提纲

关注焦点	访谈问题
①制度创业者使用什么策略使自身获得合法性的? ②制度创业策略是如何获得合法性的?经历了怎样的过程?	①您认为小米获得成功有哪些关键因素? 是怎么做到的? 为什么要这么做? ②用户、小米员工、手机同行、媒体为什么认可小米/小米手机? 具体采取了哪些措施? ③小米如何利用 MIUI 系统来表达希望与用户做朋友的愿景? 在产品生产和销售过程中是如何贯彻"小米,为发烧而生"的产品理念? ④小米作为一家生态型企业,它与过去的手机厂商,如诺基亚和三星,在开发系统、产品制造生产、媒体营销、售前售后服务等方面有什么不一样的地方? ⑤为什么选择小米手机? 成为一名"米粉"是否给您带来更多的满足感和参与感? 小米公司是如何给您这种满足感和参与感的? ⑥小米这种模式出现后,给用户、小米员工、同行、媒体带来了哪些变化?

3.3.4　数据分析

在本章研究框架(见图 3-1)的指导下,依据 Strauss 和 Corbin(1990)所提出的程序化扎根理论的基本逻辑,运用 Nvivo 10.0 软件,对数据进行分析,具体过程如下。

(1)开放式编码

通过通读材料并进行"贴标签"处理,逐步进行概念化和范畴化,提炼出 138 个本土化概念,并对其进行对比划分,得到 42 个初始范畴。表 3-2 展示了开放式编码的部分示例。

表 3-2　开放式编码部分示例

原始数据示例	初始范畴
在初期的时候我自己带头,所有人都在社区里倾听用户声音,收集了 2.1 亿个帖子的建议和资料,我们把互联网快速迭代引入了硬件产品的研发,把手机系统做到了每周迭代。手机系统在小米之前,所有厂商发布周期都是半年或者三个月,MIUI 系统是每周发布。	倾听用户声音 MIUI 系统每周迭代
为了让用户深入参与产品研发,小米设计了"橙色星期五"的互联网开发模式,核心是 MIUI 系统开发团队在论坛和用户互动,系统每周更新。小米在保持 MIUI 基础功能稳定的前提下,将好的或不好的、成熟或不成熟的功能,都放在用户面前。每周五发布新一版的 MIUI 系统,下周二提交体验报告,内部设置爆米花奖,根据用户反馈给予奖励和荣誉感。	互联网开发模式
扩散口碑事件,筛选种子用户,小范围发酵参与感,基于互动产生的内容做成话题或者可传播的事件,让口碑产生裂变,让更多人参与。	传播话题和事件
忘掉关键绩效指标,小米没有关键绩效指标。提倡"非标准化服务"的本质是小米重视人的因素超过重视制度。	降低制度压力
有基于 MIUI 平台的内部鼓励与分享机制,也有我们集中资源所作的口碑事件。我们为最早参与测试的 100 名用户,拍摄了《100 个梦想的赞助商》。	制造口碑事件

续表

原始数据示例	初始范畴
小米推崇知名度、美誉度、忠诚度。知名度意味着让用户听见，美誉度意味着走到用户身边，忠诚度代表你已在用户心里。	营销理念
2011 年 8 月 16 日，小米手机发布，业内对小米有质疑和期待，到底有没有生产销售这么多手机，品质到底如何？	行业质疑
小米讲明星创业团队，讲跟苹果采用一样的供应商，讲产品性能，性能上"不服就跑个分"等。创始人提出"要找一流代工厂为小米生产产品"，选择和苹果等公司一样的供应商。	借势提高合法性
"社会化媒体"作为口碑传播的"加速器"，MIUI 系统前 50 万用户在论坛发酵，50 万到 100 万用户在微博这样的社会化媒体推动下形成。	口碑传播

（2）主轴编码

主轴编码是在开放式编码的基础上，对初始范畴的关系进行发掘，按照"条件→行为→结果"这一逻辑，分析各初始范畴是否存在关联性（李拓宇，2018）。

例如，"主导地位""互联网思维""快速更新""强调产品品质""做爆款""性价比"等初始范畴，可以纳入主范畴"安排共同理解"中（Meyer 和 Rowan，1977），因为在手机产业中，由于三星、苹果等大牌手机厂商占据了主导地位，它们建立了有利于自身的规范和认知（条件），而小米公司为了建立新规范，则利用互联网思维，通过快速更新手机系统，做出具有较高性价比的手机，对占据主导地位的规范产生破坏性影响（行为），从而建构起用户对小米模式的"共同理解"（结果）。

通过对案例数据进行反复对比、分析，将 42 个初始范畴归纳为 26 个副范畴，最终提炼出 10 个主范畴，包括安排共同理解、颠覆设计、情感调动、增加可信度、权利保证、口碑形成、社会化媒体传播、社会网络传播、观众质疑与合法性。本章主轴编码的结果如表 3-3 所示。

表 3-3　主轴编码结果

副范畴	主范畴
AA1 愿景制定，AA2 产品理念	安排共同理解

副范畴	主范畴
AA3 话题制造,AA4 内部规制,AA4 开放互动	颠覆设计
AA5 给予愉悦感,AA6 降低制度压力,AA7 放权,AA8 利益激励	情感调动
AA9 获取媒体正面评价,AA10 依附高合法性实体,AA11 拉拢专业人士	增加可信度
AA12 放权,AA13 利益激励	权利保证
AA14 高度用户参与,AA15 产品深得人心,AA16 论坛沉淀	口碑形成
AA17 与媒体合作,AA18 口碑"加速器",AA19 层层扩散	社会化媒体传播
AA20 粉丝化员工及其亲友,AA21 发放邀请码	社会网络传播
AA22 产品质疑,AA23 生产销售能力质疑	观众质疑
AA24 规制合法性,AA25 规范合法性,AA26 认知合法性	合法性

（3）核心编码

核心编码是在主轴编码的基础上,进一步提炼核心范畴,并通过"故事线"来展现各范畴之间的关系。依据此思路,笔者将表 3-3 中的 10 个主范畴与图 3-1 中的研究框架反复对比,最终发现了四个核心范畴——生态型企业制度创业策略、观众合法性判断、观众非法性判断和生态型企业合法性获取,具体阐述如下。

第一,核心范畴"生态型企业制度创业策略"是指生态型企业用于说服观众接受其推崇的制度安排的种种手段,共包含五个主范畴,具体阐述如下。

"安排共同理解"的命名借鉴了 Greenwood 等(2002)以及 Greenwood 和 Suddaby(2006)的观点,是指在网络环境下,生态型企业公开向观众提出并解释价值观、公司愿景与产品理念,潜移默化地将这些共同理解植入观众大脑,使得依赖合法性线索做出判断的观众不假思索地认可生态型企业(Tost,2011),这是一种"潜入"观众大脑以获得认可的现象归纳,其下属的两个副范畴是企业宣传的特定理念,共同反映着观众所接受的共同理解。例如,小米公司多次通过 MIUI 平台、创始人讲话等渠道,表明小米公司要与用户交朋友的意愿,并为小米用户提供"米粉"的身份,强调主打性价比的产品理念。小米通过不断重复强化这些理解,使其变得熟悉和众所周知,最终形成一种共识,从而操纵了观众对自身合法性的感知与判断。

"颠覆设计"的命名借鉴了 Hargadon 和 Douglas(2001)的观点,具体体现为生态型企业以互联网思维为指导,所推行的一系列创新型设计活动,主要是通过组织架构的平台化来应对网络环境的快速变化,在互联网上制造话题和"爆点",以传播口碑,同时,在企业内部强制要求员工与用户互动交流,这与传统手机制造商有着极大的不同。例如,小米公司创始人带头在 MIUI 平台的论坛里倾听用户声音,为了迎合"米粉"的需求,将 MIUI 系统做到每周一迭代,并启用社会化媒体营销,利用微博营造出手机供不应求的局面从而吸引顾客。这些"颠覆设计"就是对小米进行的互联网模式创新的概括归纳。

"增加可信度"是指在网络环境下,生态型企业通过说服具有较高合法性的行动者,或通过开展合作的方式,使其支持生态型企业所推崇的制度。在获取这些较高合法性行动者的"背书"之后,生态型企业可以提高自身制度项目的合法性,从而获取其他观众的支持和认可(Battilana 等,2009)。例如,小米公司的联合创始人都曾在世界知名科技企业任职,同时,小米公司采用世界一流的代工厂以及和苹果公司一样的供应商,并与官方或社会化媒体开展广泛合作,这些都是"增加可信度"这一制度创业策略的具体体现。

"情感调动"是指生态型企业充分依托网络平台所带来的易于沟通与互动这一便利条件,通过充分调动用户的情感,使其接受和认可生态型企业的制度安排。例如,在网络环境下,用户选择产品的观念已经从"产品能为我做什么"转变为"我能为产品做什么"。因此,小米公司通过 MIUI 平台充分吸引用户参与手机操作系统的开发,由此建立起了一支超过 10 万人的开发团队,团队成员就是发烧级的"米粉",这些"米粉"通过讨论和投票的方式设计手机系统的各个功能模块。此外,小米公司还为这些"米粉"设计广告语、拍摄微电影以及开展"米粉节"和"爆米花庆典"等线下活动,从而极大地增强了他们的参与感,充分调动了他们的情感。

"权利保证"是指生态型企业为了使内部员工对其推行的新制度加以认可,而对员工释放一定的权利。例如,小米公司为员工提供了良好的工作环境和设施,去除基层员工的关键绩效指标(key performance indicator,KPI),给予员工股权激励和期权激励,并保证员工拥有一定的自主决定权,以期得到员工的支持和认可。

第二,核心范畴"观众合法性判断"包含"口碑形成"、"社会化媒体传播"与"社会网络传播"三个主范畴,它们保证了观众在个体层面对生态型企业形成正面的合法性判断,即好的口碑,并通过社会化媒体、社会网络不断地扩散和传播。

第三,核心范畴"观众非法性判断"是本章在扎根分析中的一个意外发现,起初它并未出现在本章的研究框架中(见图 3-1),它包含一个主范畴"观众质疑",这代表了负面合法性判断的出现,即观众强烈反对一个不受欢迎且不被认可的实体或活动(Haack 等,2014)。例如,用户对小米手机品质、备货量、"网红"身份、营销模式的质疑等。

第四,核心范畴"生态型企业合法性获取"具体体现为规制合法性、规范合法性和认知合法性,这与现有文献中的观点是一致的,但是在本案例中,认知合法性体现得最为明显,也就是说,小米公司具有了很高的知名度,在观众眼里已经耳熟能详,小米公司推崇的制度已经被观众所理解和广为接受。

对编码结果进行反复检验分析,直至没有发现新的范畴和关系,达到理论饱和。在此基础上,我们进一步理清各核心范畴之间的关系,得出本章的故事线——网络环境下,生态型企业设计出五种制度创业策略,对观众的合法性判断和非法性判断产生影响,进而对合法性获取发挥作用。图 3-2 对扎根分析结果进行了总结。

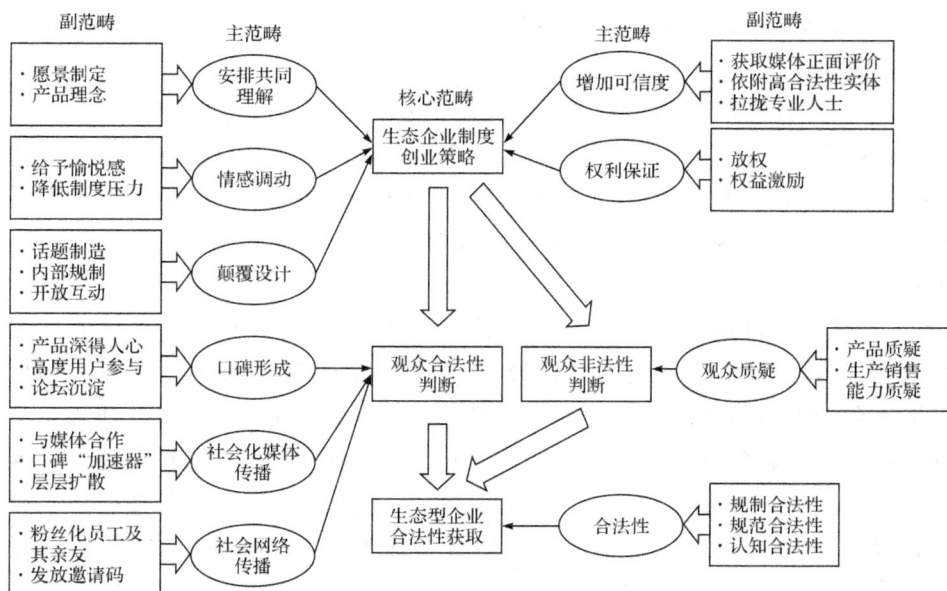

图 3-2 扎根分析结果

3.4 案例发现与讨论

对应本章提出的两个研究问题以及扎根分析结果,本章从两个方面的案例发现进行总结。首先,揭示网络环境下生态型企业的制度创业策略,然后,在此基础上,提出相关命题,并构建网络环境下生态型企业制度创业策略对合法性获取的作用机理模型。

3.4.1 网络环境下生态型企业的制度创业策略

本章发现了两类制度创业策略:一类是现有制度创业在本章研究情境下的衍生,本章确定了其体现形式,使其更加具体化;另一类是在本章研究情境下新出现的制度创业策略,这是对现有制度创业研究的有效补充。

(1)现有制度创业策略的衍生

本章发现,网络环境下生态型企业的部分制度创业策略实质上是现有制度创业策略的衍生。

第一,安排共同理解。安排共同理解实质上是现有文献中的理由策略在网络环境下的衍生。现有研究表明,由于制度创业者动了现有制度受益者和维护者的"奶酪",因此,制度创业就成了一个激烈的政治过程,制度创业者需要构建变革理由,说服其他行动者进行变革或至少不反对变革(Maguire 等,2004;Greenwood 和 Suddaby,2006;Hardy 和 Maguire,2017)。在网络环境下,无论是制度创业者还是制度创业对象,他们都以更加开放的方式拥抱互联网,渴望在互联网上表达自己。此时,理由策略就演变成制度创业者利用网络平台传递自身变革理由的重要手段,它们利用大数据分析精准搜寻与自身拥有共同理解的观众,吸引他们主动参与制度创业,而不需要去动员和说服。当这部分观众在网络平台上进行交互时,所产生的网络外部性会使观众人数成倍增加,最初所提出的变革理由逐渐成为一大批观众的共同理解,制度创业者从而能够以较低的成本获得一大批观众的认可。

第二,权利保证。现有研究大多关注组织外部利益相关者的作用,Maguire 等(2004)指出为建立新的合作关系,制度创业者需要沟通不同的利益相关者,将制度创业活动与其利益联系起来,努力满足不同利益相关者的利益。在网络环境下,组织内外部的利益相关者的判断都会对生态型企业造成巨大影响,尤其是非法性判断会被互联网无限放大,对组织的声誉造成不可估量的负面影响。因此,关系策略在网络环境下向组织内部渗透,制度创业者给予内部观众一定的权力与利益保证,利用奖励的方式来获取他们的认可,本章将其命名为"权利保证",这是现有文献中关系策略的进一步衍生。

(2)新出现的制度创业策略

本章也发现,由于制度创业背景、制度创业者、制度创业对象发生显著变化,网络环境下生态型企业还会采用一些新的制度创业策略,它们与现有文献中的制度创业策略并不存在明显的映射。

第一,颠覆设计。Hargadon 和 Douglas(2001)的研究表明,爱迪生将白炽灯与公众所熟悉的煤气灯联系起来,利用已经存在的煤气照明模式和脚本,使公众更容易接受白炽灯。然而,互联网是颠覆性的,它颠覆了所有以往成功的商业模式(罗珉和李亮宇,2015),新生的小米公司必须通过理解互联网思维对组织结构和商业模式进行颠覆设计,以获得观众的认可,这在传统制度创业策略中是不多见的。

第二,情感调动。现有研究指出,进行制度创业具有挑战性,需要制度创业者积极调动财政、组织等物质资源,以推动制度创业的进行(Maguire 等,2004;Greenwood 和 Suddaby,2006)。与现有研究不同的是,在网络环境下资源获取更加容易,互联网为生态型企业和权力较小的制度创业者提供了舞台,同时社会化媒体的出现使网络环境下个人影响力得到提升,因此,制度创业者更加重视对个人情感的调动,一方面,积极的情感能够使观众做出正面的判断(Haack 等,2014),另一方面,通过对情感的调动,制度创业者可以以非常低的成本迅速扩大变革活动。

第三,增加可信度。传统制度创业理论认为制度创业者具有社会技能(Fligstein,2001),占据主体地位,可以巧妙地说服行动者支持制度创业(Maguire 等,2004),但对于新创生态型企业来说,观众没有理由相信一个刚成立的企业。在网络环境下,制度创业者会拉拢那些具有较高可信度和影响力的行动者,依靠它们的合法性线索来影响观众。例如,MIUI 平台的受众是手机发烧友和极客,这些专业人群选择小米,会起到很好的示范带头作用,再借助新媒体传播、口碑传播,使消费者对小米产生信赖。

3.4.2　网络环境下生态型企业制度创业策略对合法性获取的作用机理

本节遵循"生态型企业制度创业策略→观众合法性（或非法性）判断→生态型企业合法性获取"这一逻辑脉络，提出相关命题，最后构建出理论模型。

（1）安排共同理解对观众合法性判断、观众非法性判断的影响

观众依赖其他行动者的合法性线索或通过积极寻找信息来对实体做出判断。社会心理学研究表明，由于个体倾向于保存认知能量，多数观众更容易直接对该组织在场域层面存在的共识进行感知（Bitektine 和 Haack，2015），而部分观众根据自身所能接收到的信息对实体做出评价。观众所能得到的信息和共识正是制度创业者刻意安排给他们的。一方面，当这些共同理解越符合观众的兴趣与痛点，就会越深入人心，越可能导致观众做出合法性判断；另一方面，这些共同理解会被反复重复而得到强化，与其相反的想法会受到抵制或惩罚，进而抑制观众所产生的非法性判断。例如，小米公司抓住了一批手机发烧友对手机高配低价的渴求，通过建立"让每个人都能享受科技的乐趣"的公司愿景和"为发烧而生"的产品理念，并强调"与用户作朋友"，使得小米公司在观众心中留下了深刻的印象。因此，提出以下命题：

命题 1-1：安排共同理解可以促进观众合法性判断。

命题 1-2：安排共同理解可以抑制观众非法性判断。

（2）颠覆设计对观众合法性判断、观众非法性判断的影响

建立与现有运行模式相异的颠覆设计，对网络环境下的观众有更大吸引力，使其更容易被观众所接受。一方面，因为颠覆设计更加迎合大众的需求和利益，对颠覆设计的赞同也正是观众表达自身的机会；另一方面，颠覆设计的具体细节为新出现的共同理解和行动提供了基础，共同理解为颠覆设计提供了解释（Hargadon 和 Douglas，2001），从而对颠覆设计的反对会变得不可想象。这增加了观众的可接受度，使得观众做出合法性判断，而抑制了非法性判断的产生。例如，小米根据互联网思维制定了 MIUI 系统快速发布更新的规定（"橙色星期五"），建立线上的销售渠道，并通过"话题制造"创造了一系列充满情怀的话题，这迎合了大众需求，并符合网络环境的趋势，使观众更容易接受小米。因此，提出以下命题：

命题 2-1：颠覆设计可以促进观众合法性判断。

命题 2-2：颠覆设计可以抑制观众非法性判断。

（3）增加可信度对观众合法性判断、观众非法性判断的影响

小米公司作为一个生态型企业，虽然有明星创始人，但早期不具有较高的可信度和影响力。这时，其他有较大可信度和影响力的行动者，如手机行业的监管机构、官方媒体和手机行业内的专业人士，所做出的判断就极其重要。他们的影响力越大，所传达信息的可信度就越高，观众对小米公司做出合法性判断的可能性就越强，非法性判断就越可能被抑制（Bitektine 和 Haack，2015）。在本案例中，我们发现小米与这些行动者的合作能够提高自身的可信度与影响力，使观众做出合法性判断，而这些判断又会通过社会化媒体与社会网络进行扩散。此外，小米主动将手机送检，获取入网许可，小米公司的成功被央视新闻联播所报道，且《财富》杂志将小米评为 2013 年度"最受赞赏的中国公司"，这都加强了小米公司在观众眼中的说服力。因此，提出以下命题：

命题 3-1：增加可信度可以促进观众合法性判断。

命题 3-2：增加可信度可以抑制观众非法性判断。

（4）情感调动对观众合法性判断、观众非法性判断的影响

情感是构成观众作为制度行动者的核心，观众在制度中拥有个人利益，并能够在制度秩序中发挥自己的作用（Voronov 和 Weber，2016）。现有研究表明，积极正面的情感会促进并放大观众合法性判断，消极负面的情感会导致非法性判断和对变革的抵制（Haack 等，2014；Huy 等，2014）。小米为用户建立述说自身需求的论坛，设立"爆米花节"，让用户参与产品的设计与营销过程，这给予用户极大的参与感和满足感，并且给予老用户一定的购机补贴与优先购机权限，这些措施确保了观众正面情绪的产生，引导观众产生合法性判断，同时也大大降低了观众非法性判断发生的概率。因此，提出以下命题：

命题 4-1：情感调动可以促进观众合法性判断。

命题 4-2：情感调动可以抑制观众非法性判断。

（5）权利保证对观众合法性判断、观众非法性判断的影响

由于做出合法性判断的个人包括组织内外部观众，"权利保证"主要针对组织内部观众。为避免观众由于自身利益的受损而抵制制度创业（Huy

等,2014),小米公司为员工创造了良好的工作环境,主动为员工"去KPI化",减轻员工压力,并成立"米粒学院"对员工进行培训和技能认证,给予员工家一样的归属感。同时,将部分自主权赋予员工,并为员工开出更高的薪酬,提升了员工对企业的认可程度。Suchman(1995)指出,对成员利益的持续承诺的最可靠指标就是组织愿意将一定程度的权利转让给受其影响的观众。这些措施满足了观众对个人利益的期望,从而产生观众合法性判断(Suchman,1995;Tost,2011),而减少了非法性判断的产生。因此,提出以下命题:

命题5-1:权利保证可以促进观众合法性判断。

命题5-2:权利保证可以抑制观众非法性判断。

(6)观众合法性判断、观众非法性判断对生态型企业合法性获取的影响

合法性被分为规制合法性、规范合法性和认知合法性。规制合法性来源于监管机构的法律法规,规范机构来源于行业专家、行业协会等机构,而认知合法性则来源于社会存在的文化信念中(Scott,2008)。

随着观众合法性判断以话语和行动的方式不断通过社会化媒体与社会网络进行表达,这吸引了传统主流媒体与行业协会的关注,而这些媒体报道或协会会议称号又会吸引更多观众的注意(Bitektine和Haack,2015)。当这些有影响力的观众通过话语和行动做出合法性判断时,其他观众会受到该判断的强烈影响,越来越多的观众做出判断并表达(Bitektine和Haack,2015),这种判断会逐渐客观化和制度化为组织的合法性(Zucker,1977)。例如,小米公司按照法律要求在工商行政管理局登记注册,以及小米手机获得国家工信部的入网许可证,由此所激发的观众合法性判断,会使得小米公司获取规制合法性。此外,在由工信部主管,中国通信工业协会、中国通信行业发展论坛组委会等共同主办的2013年度中国通信行业发展大会上,小米公司创始人获得"2013年度中国通信行业十大新闻人物"称号,这体现了规范合法性。百度、阿里巴巴、奇虎360等其他类似的企业,在目睹小米的成功之后,模仿小米进入手机行业,这种现象被称为模仿(mimetic)同构(DiMaggio和Powell,1983),也是规范合法性的代表。而"米粉"对小米的共同价值观深信不疑,并对小米品牌保持较高忠诚度,则体现了认知合法性。当然,由于个人兴趣、过去经历,且观众所接受的信息会对不同观众产生不同影响(Bitektine和Haack,2015),观众不可能都做出合法性判断,有部分观众也会做出非法性判断,由此阻碍生态型企业获取合法性。

因此,提出以下命题:

命题 6-1:观众合法性判断可以促进生态型企业合法性获取。

命题 6-2:观众非法性判断可以抑制生态型企业合法性获取。

综合上述命题,可以构建出网络环境下生态型企业制度创业策略对合法性获取的作用机理模型,具体如图 3-3 所示。

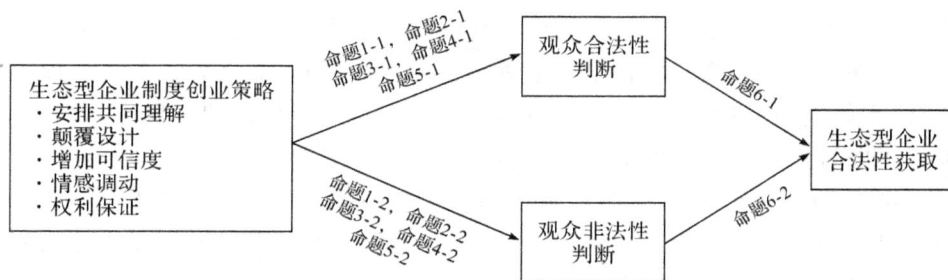

图 3-3　网络环境下生态型企业制度创业策略对合法性获取的作用机理模型

3.5　结论与启示

3.5.1　研究结论

本章基于扎根理论,通过对小米公司进行截面单案例研究,解决了两个研究问题——“网络环境下生态型企业的制度创业策略是什么”和“网络环境下生态型企业制度创业策略对合法性获取的作用机理如何”,主要得出两点结论。

第一,生态型企业常用的制度创业策略包括“安排共同理解”、“颠覆设计”、“增加可信度”、“情感调动”和“权利保证”。

第二,这些制度创业策略通过促进观众合法性判断、抑制观众非法性判断,帮助生态型企业获取合法性,也就是说,观众合法性判断和观众非法性判断,是生态型企业制度创业策略与生态型企业合法性获取之间的桥梁。

3.5.2　理论贡献

本章的理论贡献主要体现在如下三个方面。

第一，关于研究视角。战略视角是合法性研究中一个比较成熟的视角，制度创业研究就是该视角下的一个分支。观众视角近些年刚刚涌现，主要从个人心理层面探究组织合法性问题的相关问题。本章遵循"制度创业策略→个体层面合法性判断→集体层面合法性汇集"的逻辑，将两个研究视角加以整合，不但克服了单一视角的局限性，提升了本章理论模型的解释力，而且可以为不同视角下已有研究成果的整合与对话提供思路。

第二，关于制度创业策略。由于制度创业背景（网络环境未普及 VS 网络环境普及）、制度创业者（会计、医疗等行业中的企业 VS 生态型企业）、制度创业对象（政府、行业协会、利益相关者 VS 网络平台用户）的变迁，现有的制度创业策略对于网络环境下生态型企业是否适用，以及网络环境下生态型企业是否会采用新的制度创业策略，我们均不得而知。本章所发现的五种制度创业策略，不仅推动了现有文献中的制度创业策略向本章所关注的情境衍生，而且揭示了网络环境下生态型企业所特有的制度创业策略，这些工作是对制度创业文献的完善和补充。

第三，关于制度创业策略对合法性获取的作用机理。在现有的制度创业文献中，几乎都潜藏着一个假设——制度创业策略必将导致企业获取合法性，因此，学者们把关注点主要集中在"制度创业策略是什么"，对于制度创业策略帮助企业获取合法性的路径缺乏探讨。本章发现，观众合法性判断和观众非法性判断是二者之间的桥梁因素，由此使我们更加明晰了制度创业策略发挥作用的路径，从作用机理层面加深了我们对于制度创业策略的认知，是对制度创业研究的进一步发展和深化。

3.5.3　局限与未来研究展望

本章仍存在一定的局限性，这也为后续研究提供了机会。

第一，单案例研究的局限性。本章选择小米公司作为研究对象，虽然可以满足"理论抽样"的原则，也能够体现出"启示性个案"的特征，有助于我们讲好故事，但是这一处理方式导致我们无法在不同案例之间形成有效对比，进而推动研究命题和研究模型的一般化,后续可以通过多案例研究弥补这一局限。

第二,数据分析的局限性。虽然扎根结果显示"观众合法性判断"包含不同的维度(见图 3-2),但是由于本章重点聚焦生态型企业的制度创业策略,因此,在提出相关命题及构建作用机理模型(见图 3-3)时,本章将此变量作为一个整体加以处理,后续研究可以深入到维度层面对这些变量及其关系展开进一步探讨。

第三,截面研究的局限性。本章采用截面数据展开研究,但严格地讲,从生态型企业实施制度创业策略,到观众进行合法性(或非法性)判断,直至生态型企业获取合法性,存在时间差,后续可以采用时间序列数据,验证本章提出的机理模型,提升该模型的效力。此外,生态型企业获取合法性不是一蹴而就的,存在不同的阶段,在各个阶段中,哪种制度创业策略发挥重要作用,不同的制度创业策略如何组合和匹配,都值得进一步探讨。

第4章 生态型企业合法性溢出战略的案例研究

4.1 引 言

随着区块链、大数据、云计算、人工智能的不断发展,企业创新活动的复杂性骤然增加,异质性要素的协同成为创新范式演进的新方向(Helkkula等,2018)。这种态势下,一些拥有资源优势或规模优势,同时具备资源再组织能力的全国领军企业、行业龙头企业以及部分新生互联网企业,开始探索生态化创新路(即"生态型企业"),它们通过打造协调机制,将自身与外部利益相关者相融合,共同为客户提供解决方案(宋旭岚和许新,2016),由此打造出一个个企业创新生态系统(Vargo 和 Lusch,2017)。

在生态型企业战略理论的传统研究中,资源观是一个非常重要的视角(龚丽敏和江诗松,2016)。生态型企业或成员企业如何进行资源获取(Kude等,2012)、资源积累(Sun 和 Tse,2009)、资源动态管理(Eisenmann 等,2011)、资源撬动(Lin 等,2017),或者生态型企业与成员企业之间如何实现资源共享(陈劲,2017),是学者们关注的热点。值得注意的是,学者们所关注的资源通常包括人力、设备、资金、知识、技能等资源(Lin 等,2017),一种"能够帮助组织获取其他资源的重要资源"——合法性资源(Zimmerman 和 Zeitz,2002),却没有受到重视。事实上,生态型企业在着手构建企业创新生态系统之前,通常已经积累了丰富的合法性资源,而不少成员企业则是无法通过以往业绩为观众提供合法性证据的新创企业。这种背景下,生态型企业通过实施合法性溢出战略,将自身的合法性资源溢出给成员企业,帮助它们突破合法性阈值，就显得尤为重要（Zimmerman 和 Zeitz，2002；Überbacher，2014）。

Kostova 和 Zaheer（1999）指出：如果一个基本主体（源头）在保持自身合法性不变的前提下，改变了另一个与之认知相关的次级主体（接收者）的合法性，合法性溢出就发生了，其本质是观众依据启发式属性（heuristic attribute）评价目标属性（target attribute）（接收者合法性）的过程。基于此观点，学者们立足两种情境对合法性溢出战略进行了初步探索：①在以跨国公司、产业、组织种群为代表的层级结构中，学者们发现无论是同一层级还是不同层级的主体之间，在产品系列、组织结构、治理体系等方面都会呈现出一定的相似性，这就使得合法性溢出始于观众对接收者与源头相似性的判断，然后再以此为依据，对接收者的合法性进行评价，这是"基于相似性的属性替代"（Haack 等，2014）。学者们还发现，源头或接收者如果在组织形式（Yu 等，2008；Jonsson 等，2009；Desai，2011）、组织结构（Yu 和 Lester，2008）、市场地位（Yu 等，2008；Goins 和 Gruca，2008）、资源配置方式（Goins 和 Gruca，2008）、网络中心性（Yu 和 Lester，2008）、声誉（Yu 和 Lester，2008）、发展阶段（Kostova 和 Zaheer，1999；Zimmerman 和 Zeitz，2002）、地理位置（Yu 和 Lester，2008）等方面发生变化，观众对源头与接收者相似性的认知也会随之改变，这将影响观众对接收者合法性的评价。②个别学者还关注了跨国治理计划，这是一个跨国组织间网络，附属机构包括政府、非政府组织、企业等，相似性很低，学者们将其称为网状结构（Haack 等，2014）。在网状结构中，合法性溢出始于观众对源头的情感反应，并将此作为评价接收者合法性的依据，从而发生"基于情感的属性替代"。学者们发现，媒体对源头的报道对合法性溢出结果具有影响（Haack 等，2014）。

现有文献为我们了解合法性溢出战略提供了参考，但它们在具体解释生态型企业合法性溢出战略时仍存在局限：①现有文献虽然意识到源头特征或接收者特征的改变或媒体对源头的报道会影响合法性溢出结果，但这些文献并未从组织战略的高度对这些因素进行审视，对于如何战略性地操控这些因素，也没有做出解释。相关结论只能被视为合法性溢出的影响因素，不能作为生态型企业合法性溢出战略所用。②企业创新生态系统是生态型企业面对的情境，随着参与者种类逐渐庞杂，企业创新生态系统将由简单的层级结构向复杂的网状结构演变。现有文献虽然立足层级结构或网状结构，截面性地揭示了各种影响因素如何作用于接收者合法性，但无法动态地解释情境非同质性演变过程中，这些影响因素发挥作用的机理。事实上，无论是战略管理领域之经典——SWOT分析框架（Andrews，1971），还是以"结构→行为→绩效"为底层逻辑对战略管理学进行全面洗礼的波特革命（Porter，1985），都特别强调外部环境对组织战略的触发作用（马浩，2017）。据此，本章摒弃现有文献纯粹地将层级结构或网状结构视为合法性溢出发生背景的处理方式，而是将其作为生态型企业合法性溢出战略的触发因素引入理论体系，遵循"情境→战略→结果"的逻辑框架，展开纵向研究。

　　综上所述，本章重点解决两个问题：①生态型企业的合法性溢出战略是什么？②在外部情境演变过程中，生态型企业通过实施合法性溢出战略帮助成员企业获取合法性的机理如何？本章的核心理论贡献在于：识别和界定了生态型企业合法性溢出战略，并基于纵向的视角，提出了生态型企业合法性溢出战略的理论框架。在实践层面，可以为生态型合理利用自身合法性资源，帮助成员企业生存发展提供指导。

4.2　理论基础

本节遵循"情境→战略→结果"的逻辑，对相关理论基础进行述评。

4.2.1　情境

（1）层级结构和网状结构

绝大多研究都立足以跨国公司（Kostova 和 Zaheer，1999；Kostova 和 Roth，2008；魏江和王诗翔，2017）、产业（Zimmerman 和 Zeitz，2002；Barnett 和 King，2008；Goins 和 Gruca，2008；Yu 等，2008；Yu 和 Lester，2008；Jonsson 等，2009；Desai，2011；Zavyalova 等，2012）、组织种群（Li 等，2007；Bitektine，2008；Kuilman，2009；Stevens 和 Newenham-kahindi，2017）为代表的层级结构展开（Haack 等，2014）。跨国公司、产业、组织种群都具有层次分明的树状结构（Kostova 和 Zaheer，1999；Haack 等，2014），在这种结构中，低层级主体继承了高层级主体的特征（Porac 和 Thomas，1990），低层级

主体和高层级主体在治理体系、组织结构和产品系列等方面呈现出相似性。

除此之外,以跨国治理计划为代表的网状情境也受到了个别学者的关注(Haack 等,2014)。跨国治理计划是一个包含企业、政府机构和非政府组织,围绕某个社会目的而存在的跨国网络,各类参与者之间相似度很低,不具备直接的可比性,网状结构的上下层级之间也不具备继承性,网状结构中无法呈现出鲜明的树状结构(Murphy,2002;Durand 和 Paolella,2013),通常依托非官方协会或者合作伙伴关系,以协商的方式来维持运营(Hale 和 Held,2011)。

(2)企业创新生态系统构成的情境及其维度

企业创新生态系统系统是指在创新环境下,企业同时利用企业内外部创新资源,各创新主体间基于创意产生、研发到市场化创新全过程交互竞合而形成的创新系统(吕一博等,2015)。新制度理论是分析企业创新生态系统的重要视角(梅亮等,2014),它将企业创新生态系统视为一种组织场域。所谓组织场域,是指包括关键的供应商、原料与产品购买商、规制机构以及其他提供类似服务与产品的组织等,聚合在一起所构成的一种被认可的制度生活领域(DiMaggio 和 Powell,1983)。

随着企业创新生态系统的不断繁衍,其参与者会变得繁多和庞杂,企业创新生态系统也将由简单的层级式组织场域向复杂的网状式组织场域跃迁(李雷,2019)。Eisenhardt(1989)指出,在案例研究中,根据推测事先确定一些构念有助于形成理论构念的最初研究设计,能帮助研究者在研究过程中更加精准地测量构念,如果随着研究的进行这些构念被证明是重要的,那么形成理论的实证根基就会更加坚实。因此,本章事先依据两个维度对企业创新生态系统所构成的情境进行刻画。①维度一"各主体间技术重叠性":层级式组织场域与网状式组织场域的根本差异在于各主体间是否存在相似性(Haack 等,2014),同时考虑到产品是企业创新生态系统各参与主体的重要表征(陈劲,2017),故,引入第一个维度"各主体间技术重叠性",它是指各主体间在产品线(product lines)和产品类别(product categories)方面的资源重叠(resource overlap)程度(Sears 和 Hoetker,2014)。②维度二"各主体间结构一致性":无论是层级式组织场域还是网状式组织场域,都存在一个结构化的过程(Scott 等,2000)。所谓结构化,是指组织场域层次上出现的互动程度以及组织间结构的性质(DiMaggio 和

Powell，1983)，组织场域的结构化程度越高，各主体间结构的一致性就越强，主要体现在"支配性组织间结构的出现"，以及"从事同一事业的系列组织中的参与者相互知悉的形成"(DiMaggio 和 Powell，1983；Scott 等，2000)。

4.2.2 合法性溢出战略

(1)基于层级结构的研究成果

与合法性溢出战略相关的研究几乎都是立足层级结构展开，这些研究所秉承的基本逻辑是接收者的客观特征或源头的客观特征会对"接收者与源头的相似性"产生影响，并以此为桥梁作用于接收者的合法性。学者们发现，与源头相关的客观特征主要包括组织形式的复杂性(Yu 等，2008)、组织形式的清晰度(Yu 等，2008)、公司的市场地位(Goins 和 Gruca，2008)、公司的网络中心性(Yu 和 Lester，2008)等；与接收者相关的客观特征主要包括公司的发展阶段(Kostova 和 Zaheer，1999；Zimmerman 和 Zeitz，2002)、公司的市场地位(Yu 等，2008)、公司的声誉(Yu 和 Lester，2008)等；与源头和接收者均相关的客观特征主要包括组织形式(Yu 等，2008；Jonsson 等，2009；Desai，2011)、组织资源配置方式(Goins 和 Gruca，2008)、组织地理位置(Yu 和 Lester，2008)、组织结构(Yu 和 Lester，2008)等。

在层级结构中，学者们虽然已经意识到对合法性溢出进行战略性操控的必要性，并进行了初步研究尝试，但他们仅在关注接收者客观特征或源头客观特征对于合法性溢出的影响，并没有从组织战略的高度来思考如何对这些客观特征进行操控。因此，我们只能将现有文献中的发现称为合法性溢出的影响因素，并不能直接作为生态型企业的合法性溢出战略。

(2)基于网状结构的研究成果

在网状结构中，组织可以通过控制"观众对于源头的情感反应"，对接收者的合法性产生影响(Haack 等，2014)。仅见以 Haack 等(2014)为代表的极个别学者基于网状结构展开相关研究，他们发现媒体对源头的报道对合法性溢出结果具有影响。

然而，Haack 等(2014)所关注的实质上是媒体自发地对源头进行报道对于合法性溢出有何影响，并没有考虑如何对媒体进行战略性操控，进而控制合法性溢出的发生进程。也就是说，Haack 等(2014)尚未立足战略层面对合法性溢出进行审视,在很大程度上仍然把合法性溢出视为现实中自然涌现的一种社会属性。因此,我们还无法一般性地把握网状结构中合法性溢出战略究竟是什么。

(3)合法性溢出战略的维度

现有文献虽然没有直接触及合法性溢出战略,但是已经暗涵了制定合法性溢出战略可秉承的基本逻辑:在层级结构中,接收者特征或源头特征的改变会对"接收者与源头的相似性"产生影响,进而影响接收者的合法性;在网状结构中,组织可以通过控制"观众对于源头的情感反应",对接收者的合法性产生影响(Haack 等,2014)。基于此,我们尝试提炼出合法性溢出战略的三个维度。①维度一"战略主体":即合法性溢出战略的制定者和实施者,从理论上讲,既可以是合法性溢出的源头,也可以是合法性溢出的接收者,还可以是独立于二者的第三方;②维度二"战略对象":即合法性溢出战略的实施对象,从理论上讲,既可以是合法性溢出源头,也可以是合法性溢出的接收者;③维度三"战略内容":即合法性溢出战略的基本内涵和体现形式。

4.2.3　实施结果

(1)相关研究成果

实施合法性溢出战略后,最直接的效果是接收者合法性的改变。从过程的角度看,学者们主要立足层级结构或网状结构,遵循"基于相似性的属性替代"或"基于情感的属性替代",对一系列影响因素如何作用于接收者的合法性进行了截面性探析,但是这些研究结论尚无法基于一个整体的视角动态地解释,在诸如企业创新生态系统这样存在非同质性演变的复杂情境中,生态型企业合法性溢出战略的作用机理如何演化,其中涉及哪些中间环节,各环节之间的作用机制如何。本章认为一个可行的解决思路是:不能纯粹地将企业创新生态系统所构成的情境视为生态型企业合法性溢出战略的实施背景,而是应该遵循"情境→战略→结果"的逻辑,将其作为生态型企业合法性溢出战略的触发因素引入研究体系。

(2)实施结果的维度

为了深入考量合法性溢出战略的实施结果,有必要对其所涉及的维度进行识别与界定。依据 Kostova 和 Zaheer(1999)的观点,我们尝试利用如下三个维度对实施结果进行刻画。①维度一"源头"：即合法性溢出的起点。②维度二"接收者"：即合法性溢出战略的终点。③维度三"所接收合法性的种类"：合法性是一种能够给组织带来互补优势、良好绩效和竞争优势，且可以被组织主动操控的关键资源（Zimmerman 和 Zeitz，2002），反映了组织文化对齐、规范支持和一致于相关法律法规的状态，包括规制（regulative）合法性、规范（normative）合法性和认知（cognitive）合法性三类：规制合法性来源于组织对法律以及其他强制性监管的遵守；规范合法性来源于组织对社会道德规范和价值观的遵从；认知合法性来源于组织不受质疑，被认为理所当然（Scott 等，2000）。

4.3　研究方法

4.3.1　方法选择

本章采用纵向单案例研究法，该方法尤其适用于研究那些新领域中纵贯发展变化的全过程（Eisenhardt，1989）。本章的目的在于揭示生态型企业合法性溢出战略及其与相关因素共同演化的规律。目前，从合法性的角度探讨企业创新生态系统的相关问题尚处于起步阶段，本章不但要阐明生态型企业合法性溢出战略"是什么"，还要将其纳入时间轴，动态地探讨企业创新生态系统特征、合法性溢出战略与合法性溢出结果之间"如何"以及"为什么"联动，由此揭示背后潜藏的规律，因此，采用纵向单案例研究的方法是恰当的。

4.3.2　案例选择

本章选择小米公司为研究对象，主要有两个原因。

第一，小米公司成立于 2010 年 4 月，发展初期主营手机。小米公司创始人于 2013 年底察觉到智能硬件和物联网的发展趋势，但是以当时小米的实力，很难在做好手机的同时快速布局智能硬件和物联网，于是小米公司创始人就决定通过构建企业创新生态系统的方式，用小米做手机的成功经验去复制 100 个"小小米",这一想法最终催生了小米生态链。就小米公司某位副总裁看来:"小米就像一个大火炉,它有余热释放出来,这余热不能浪费掉,于是放了几块白薯,把它烤熟了,这就是小米生态链的逻辑,就是说小米生态链企业享受了小米的'用户群红利'。"事实上,"用户群红利"不仅是用户体量的象征,还意味着用户对小米的认可、接受与信任,即用户赋予小米高水平的合法性,小米通过生态链的模式将这些合法性共享给了生态链企业。因此,选择小米作为研究对象与我们所关注的研究问题是吻合的,符合"理论抽样"的原则(Eisenhardt,1989)。

第二,在小米的孵化和推动下,小米生态链中不仅出现了生产移动电源、耳机、手环等手机周边产品,以及生产电饭煲、空气净化器、扫地机器人等智能硬件的世界级企业,而且小米在生活耗材领域也孵化出了众多企业,这些企业同样取得了非常卓越的业绩。从本质上讲,小米是一家科技型企业,其产品系列并未涉及生活耗材,因此,小米也就难以给生产这些产品的企业共享与之相关的人力、设备、资金、知识、技能等资源(小米生态链谷仓学院,2017)。从此点来看,小米通过合法性溢出战略共享合法性资源,从而推动这些生态链企业取得成功,就显得尤为突出。综上所述,小米可以为我们研究生态型合法性溢出战略提供诸多成功的启示,它体现出了"启示性个案"的特征。

4.3.3　数据收集

本章选择 2012 年作为数据收集起点,因为在 2012 年 2 月小米投资了第一家生态链企业——紫米科技,意味着小米生态链计划在现实中开始启动。本章从多种渠道采集数据,以期实现"三角验证"(Eisenhardt,1989)。

第一,广泛搜集与小米公司以及小米生态链相关的报刊杂志、新闻报道、研究报告、网站信息、学术论文等,获取二手资料,其中,小米官方出版的《参与感》《小米生态链战地笔记》,小米公司内部刊物《饭米粒》,小米公司高管以及小米生态链企业高管的报告或讲话是最为重要的二手资料。

第二,由于学缘关系,笔者所在单位与小米公司以及小米生态链企业建立了深入的联系,笔者借助这一优势,进行了长达 3 年的访谈和数据搜集,先后进行了 6 次面对面正式访谈(包括小米公司负责生态链企业投资的经理,小米公司负责生态链企业产品定义和产品设计的工程师,小米生态链企业智米科技、九号机器人、须眉科技的负责人），并借助电话、微信、邮件等即时通信工具进行了20余次非正式访谈。访谈提纲以开放式问题为主，主要包括小米生态链在不同发展阶段有何特征、小米和生态链企业的关系、小米通过哪些手段帮助生态链企业取得顾客认可等。

第三，通过参加会议（例如，2017小米投资生态年会，2017中国企业未来之星年会）、讲座（例如，2018年6月8日，小米生态链谷仓学院创始人在浙江大学管理学院举行的讲座"消费升级机会与硬件创业经验分享"）、沙龙（例如，2018年8月27日，北大国发院"朗润企业家高端对话"第七期活动——小米公司副总裁与北大国发院教授就小米的成长逻辑展开对话）、在线讲座（例如，小米生态链谷仓学院创始人进行的两次在线讲座，小米生态链企业贝医生创始人进行的一次在线讲座）等途径获取相关资料。在此过程中，笔者与小米公司副总裁、小米生态链谷仓学院创始人、小米生态链企业智米科技创始人进行了面对面交流。

4.3.4 数据分析

遵循"情境→战略→结果"的逻辑，通过3个步骤对数据进行分析。

第一，将收集到的数据整理为"历史事件库"，在此基础上，结合本章"理论基础"一节对企业创新生态系统所构成的情境所区分的两个维度——"各主体间技术重叠性"和"各主体间结构一致性"两个维度，将纵向案例划分为4个阶段（见表4-1）。

表 4-1　案例阶段划分及其证据

案例阶段划分	阶段一	阶段二	阶段三	阶段四
维度1	各主体间技术重叠性			
	高		低	
案例依据	2015年及之前,小米生态链的主要参与者为生产手机周边产品的企业和生产智能硬件的企业,各主体间技术重叠性高		自2016年起,小米生态链开始有生产生活耗材的企业加入,小米生态链各主体间技术重叠性低	

案例阶段划分	阶段一	阶段二	阶段三	阶段四
时间段	2012—2015 年	2016—2019 年		
维度 2	各主体间结构一致性			
	低	高	低	高
案例证据	2015 年,小米官方明确提出小米生态链的概念,对小米生态链的结构与规则进行了界定,意味着在小米生态链中"支配性组织间结构的出现"(DiMaggio 和 Powell,1983;Scott 等,2000),因此,各主体间结构一致性高		2017 年,小米官方出版《小米生态链战地笔记》,对小米生态链的经验与关键成员企业进行了盘点,意味着在小米生态链中"从事同一事业的系列组织中的参与者相互知悉的形成"(DiMaggio 和 Powell,1983;Scott 等,2000),因此,各主体间结构一致性高	
时间段	2012—2014 年	2015 年	2016 年	2017—2019 年

第二,基于本章"理论基础"一节所识别的合法性溢出战略的三个维度(战略主体、战略内容、战略对象)和实施结果的三个维度(源头、接收者、所接收合法性的种类),进行数据梳理,依据共同的陈述,提炼出案例企业各演化阶段中关于合法性溢出战略和实施结果的维度集合(见表 4-2)。

表 4-2　数据结构

序号	一级概念	二级主题	维度集合	构念
1	关于"企业创新生态系统的构建者"的陈述,例如,小米公司	生态型企业	战略主体	
2.1	关于"与生态型企业技术重叠性高的成员企业"的陈述,例如,生产手机周边产品的成员企业,生产智能硬件的成员企业	与生态型企业技术重叠性高的成员企业		
2.2	关于"由相互之间技术重叠性高的组织构成的制度生活领域"的陈述,例如,由生态型企业、与生态型企业技术重叠性高的成员企业共同构成的制度生活领域	层级式组织场域	战略对象	
2.3	关于"由相互之间技术重叠性低的组织构成的制度生活领域"的陈述,例如,由生态型企业、与生态型企业技术重叠性高的成员企业、与生态型企业技术重叠性低的成员企业共同构成的制度生活领域	网状式组织场域		合法性溢出战略
3.1	关于"战略主体以充分利用自身资源为导向,对战略对象进行定义或设计"的陈述,例如,对战略对象的产品进行定义或设计,对战略对象的品牌进行定义或设计,对战略对象的结构进行定义或设计	利用型	战略内容	
3.2	关于"战略主体以探索如何帮助战略对象满足外部需求为导向,对战略对象进行定义或设计"的陈述,例如,对战略对象所倡导的道德规范进行定义或设计,对战略对象所践行的价值观进行定义或设计	探索型		

序号	一级概念	二级主题	维度集合	构念
4.1	关于"企业创新生态系统的构建者"的陈述,例如,小米公司	生态型企业	源头	
4.2	关于"与生态型企业技术重叠性高的成员企业"的陈述,例如,生产手机周边产品的成员企业,生产智能硬件的成员企业	与生态型企业技术重叠性高的成员企业		
4.3	关于"由相互之间技术重叠性低的组织构成的制度生活领域"的陈述,例如,由生态型企业、与生态型企业技术重叠性高的成员企业、与生态型企业技术重叠性低的成员企业共同构成的制度生活领域	网状式组织场域		
5.1	关于"与生态型企业技术重叠性高的成员企业"的陈述,例如,生产手机周边产品的成员企业,生产智能硬件的成员企业	与生态型企业技术重叠性高的成员企业	接收者	实施结果
5.2	关于"由相互之间技术重叠性高的组织构成的制度生活领域"的陈述,例如,由生态型企业、与生态型企业技术重叠性高的成员企业共同构成的制度生活领域	层级式组织场域		
5.3	关于"与生态型企业技术重叠性低的成员企业"的陈述,例如,生产生活耗材的成员企业	与生态型企业技术重叠性低的成员企业		
6.1	关于"接收者的行为、特征或形式不受质疑,被认为是理所当然"的陈述,例如,被用户所熟悉,被用户所清晰了解,在用户眼中具有知名度	认知合法性	所接收合法性的种类	
6.2	关于"接收者的行为、特征或形式与所在社会环境中的文化价值观和理想信念适配性或一致性"的陈述,例如,符合主流的道德标准,符合主流的社会价值观,符合公认的行业规范	规范合法性		

第三，运用图表进行辅助分析，在数据、文献与理论之间不断循环，反复提炼概念及其关系，直到案例数据与产生的理论达到牢固的匹配，实现理论饱和(Eisenhardt,1989)。

4.4 案例发现

4.4.1 阶段一(2012—2014年)：小米布局生态链

（1）阶段一案例描述

小米成立于2010年4月，主营手机，其他产品包括平板电脑、电视、电视盒子和路由器。在公司成立初期，小米秉承"专注、极致、口碑、快"七字诀，走"互联网群众路线"，把用户当成朋友，充分借助社会化媒体，快速提升用户的参与感，聚集了1.5亿活跃用户，形成了小米特有的"粉丝文化"，此时的小米也成了"网红"，它的一举一动都拥有极高的社会关注度。随后，为了踩上智能硬件和物联网的"风口"，同时避免过度多元化带来的危机，从2012年开始，小米决定采用"投资＋孵化"的方式去复制100个"小小米"，这一想法催生了小米生态链。小米公司副总裁曾经表示："小米就像一个大火炉，它有余热释放出来，这余热不能浪费掉，于是放了几块白薯，把它烤熟了。"

小米生态链首先从生产手机周边产品（如移动电源、耳机、手环）和生产智能硬件（如电饭煲、扫地机器人、净水器）的企业开始布局。与专业投资团队不同，小米的投资团队由一群资深工程师组成，他们对小米的价值观、方法论、产品标准最了解，对小米的质量控制标准也最认同。工程师固有的特质使得小米投资团队将企业的技术秉性与小米是否一致作为衡量投资的核心标准，而并非聚焦于团队、数字、回报等传统指标。小米这种以技术为导向的投资理念，事实上是在为后续的孵化工作进行铺垫。当符合要求的企业进入小米生态链之后，小米会抽调工程师，向这些企业开放资源，主要体现在如下几个方面。

第一，产品定义。小米以"满足80％用户的80％需求"为原则，指导生态链企业定义产品。80％用户能涵盖我国大多数老百姓，这个思路与小米手机的市场定位相同；80％需求是指用户的共性需求，也就是市场的刚需。在上述原则的指导下,生态链企业必须对产品的功能进行精准定义,直指产业级痛点,不回避正面战场,围绕核心功能展开创新。这种守正方可出奇的理念最终要将小米的商业模式、商业战略精妙地寓于生态链企业的产品之中。

第二,产品设计。在产品设计上,小米将自己长期坚持的"合理性的最大化"原则输出给生态链企业,小米认为,在设计产品时要杜绝纯艺术品思维,必须同时兼顾造型的美感和制造、使用等因素,在70％理性和30％感性之间寻求平衡,从而实现造型与技术相匹配、可靠性与美学相匹配、设计与使用场景相匹配。到目前为止,生态链企业的产品有70％出自小米生态链的产品设计部门,小米生态链的产品设计部门依然保持一票否决权。

第三,品质管理。生态链企业都是新创业的团队,在初期并没有严格的品控流程,因此,小米坚持"降维攻击",用做手机的标准去做手机周边产品或智能硬件,不合格的就毙掉,以此来避免出现品质问题。在逐渐摸索中,小米对于生态链企业的品质管理也逐渐有了小米特色:品控前置,从设计阶段就开始介入,提前制定企业标准,品控严格贯穿全流程,对工厂进行全方位评估,建立预警机制,质量控制驻厂,加强小米和生态链两层负责制。

第四,品牌共享。小米对生态链企业中符合小米品牌要求、通过小米公司内测的产品,开放小米品牌,把小米在品牌上积累的资源快速地赋能给生态链企业。

小米通过向生态链企业输出方法论、产品标准、品控流程,使得小米的基因在生态链企业中得到了很好的繁衍,生态链企业的产品虽然种类繁多,但是几乎都能体现出"小米 look",在产品形态上有着调性的完美统一。加之小米品牌的共享,小米生态链呈现出爆炸性增长之势,以生产移动电源的紫米科技、生产手环的华米科技、生产插线板的青米科技、生产空气净化器的智米科技为代表的生态链企业,在短时间内就快速冲到了"平流层",成为它们所在行业的佼佼者,抢占了大量的市场份额。甚至连李克强总理在中南海的座谈会上都"调侃"小米公司创始人:"听说小米已经成了大米",并让他介绍成功的经验,这进一步巩固了小米以及小米生态链企业"网红"的地位。

(2)阶段一案例分析

在阶段一中,小米开始布局生态链,它将生产手机周边产品(如耳机、电池、插线板)的企业和生产智能硬件(如电饭煲、空气净化器、扫地机器人)的企业纳入生态链之中,由此形成了一个企业创新生态系统。这些成员企业以及小米公司彼此之间技术重叠性高,它们在产品系列、组织结构、治理体系等方面具有一定的相似性，事实上，它们所构成的企业创新生态系统是一个层级式组织场域。由于小米生态链刚刚开始布局，各主体间的一致性并不强，哪些企业可以进入小米生态链几乎完全取决于小米投资团队的主观判断，没有形成统一的标准，进入生态链之后，如何管理这些企业，也未形成相应的制度，因此，第一阶段没有出现"支配性的组织间结构"，各成员企业间"相互知悉"的程度也较低，由此导致整个层级式组织场域的结构化水平并不高。

不同的情境特征决定了不同的战略选择，从本章用于刻画情境特征的两个维度来看，"各主体间技术重叠性"和"各主体间结构一致性"分别以"各主体间实现资源共享的可能性"和"各主体间形成共谋模式的可能性"为触发机制，决定着"合法性溢出战略的内容"和"合法性溢出战略的对象"。具体地讲，在第一阶段，情境特征首先体现为各主体间技术重叠性高，这就意味着各主体间实现资源共享的可能性大（Sears 和 Hoetker，2014）。因此，小米公司主要使用"利用型"合法性溢出战略，充分利用自身已有的资源，为生产手机周边产品和生产智能硬件的成员企业进行产品定义和产品设计，帮助它们进行品质管理，同时与它们共享品牌，使得小米的基因在这些企业中得到了很好繁衍。此外，小米公司之所以选择生产手机周边产品和生产智能硬件的成员企业作为战略对象，原因在于小米以及各成员企业彼此之间结构一致性低，尚未形成共谋模式，因此，仅存在发生水平合法性溢出的可能，由成员企业向整个组织场域进行垂直合法性溢出还不具备条件。

不同的战略选择决定了不同的结果，通过案例研究我们发现，"战略内容"和"战略对象"分别以"激发属性替代"和"控制溢出方向"为作用机制，决定着"合法性种类"和"接收者"。具体地讲，在第一阶段，通过实施"利用型"合法性溢出战略，使得小米的基因在生产手机周边产品和生产智能硬件的企业中得到了很好复制，这些企业身上几乎都能体现出"小米 look"，由此实现小米公司与这些成员企业在产品调性上的完美统一。这种调性上的完美统一实质上激发了二者之间基于相似性的属性替代，小米公司作为"网红"而积累的认知合法性，溢出给了这些成员企业，由此使得以生产移动电源的紫米科技、生产手环的华米科技、生产插线板的青米科技、生产空气净化器的智米科技为代表的生态链企业，在短时间内就快速冲到了"平流层"。

在阶段一中，情境、合法性溢出战略与实施结果的组成要素以及它们之间的作用机理如图 4-1 所示。

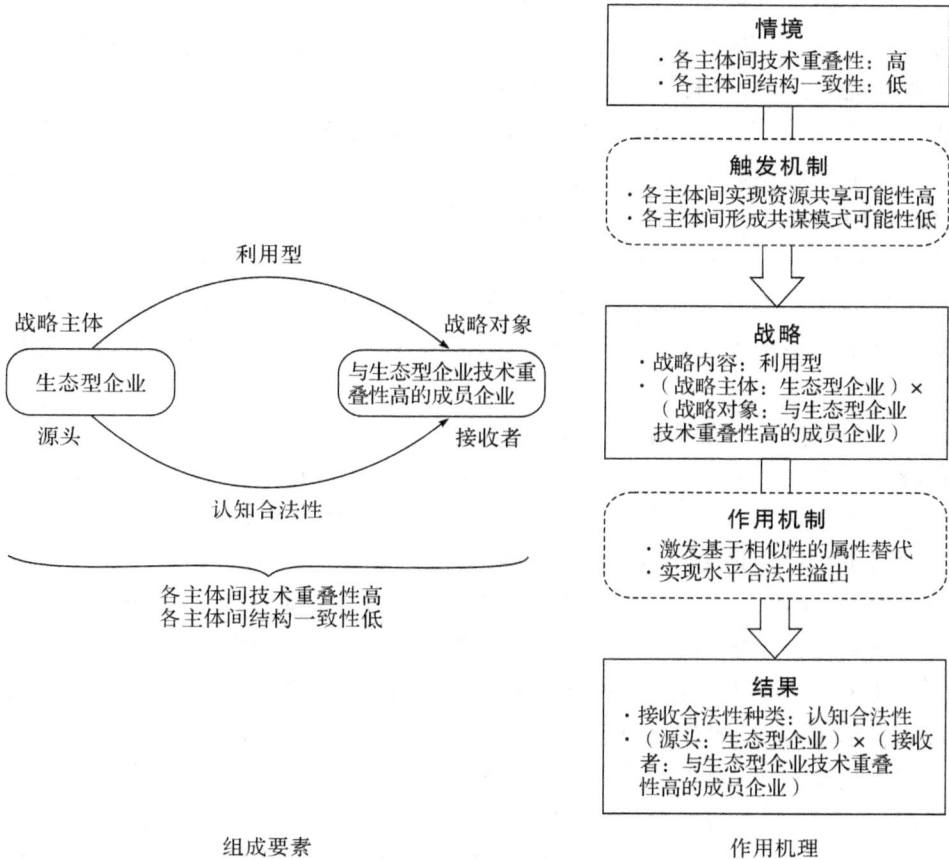

图 4-1　情境、战略与结果:组成要素和作用机理(阶段一)

4.4.2　阶段二(2015 年):小米生态链蔚然成林

(1)阶段二案例描述

在低调运行了两年多之后,小米生态链已有 55 家公司,年收入过亿的有 7 家,年收入过 10 亿的有 2 家,4 家公司成为"独角兽",此时,小米生态链的结构也逐渐清晰起来。就小米公司某位副总裁看来:"传统时代的企业更像一棵松树,一长几十年甚至上百年,枝叶繁茂而且四季常青。但如果有一天突然遭受意外打击,或是外部环境有些风吹草动,就会轰然倒塌,没有回旋的余地。而互联网时代的企业则像竹子,但单棵竹子的生命周期很短,所以必须要形成一片竹林。竹林不但可以实现单点突破，一夜春雨后，一棵竹笋就破土而出，快速成长为一棵竹子，而且竹林根系错综复杂地交织在一起，一方面不断向外延伸，吸收更多的营养，另一方面能够为竹笋的快速成长提供丰富的动能，除此之外，竹林还可以实现自我新陈代谢，整片竹林生生不息。"

小米公司创始人把上述逻辑归纳为"竹林理论"，他认为："小米是在用'竹林理论'做一个泛集团公司。小米就好比土壤，而生态链企业好比一棵棵竹子，小米向生态链企业输出资金、价值观、方法论和产品标准，生态链企业是小米后院的金矿，小米和生态链企业是兄弟关系，互为彼此价值的放大器。"也正是小米生态链这片竹林的存在，为小米未来的发展创造了巨大的想象空间。

在"竹林理论"的影响下，小米生态链企业也开始从生态链的角度出发对自身进行审视。智米科技创始人就曾表示："智米科技来自小米生态链，它就好比一片竹林里中的一棵竹子，完全具备自己的独立性，因为小米在里面只占股而不控股。"但是小米生态链中所有的企业又基于同样的理念和同样的商业模式，所以它们在根部又是连通在一起的，它们本质上是以用户为中心的。这样使得小米所构建的生态具备不断的成长性和强大的抗风险能力。作为小米的投资人，晨兴创投合伙人非常看好小米的生态链："小米连接的节点数量越多，护城河就越稳固，竹林效应就越明显，平台价值就越大。"

在此阶段，小米生态链几乎成了智能硬件产品的代名词，在小米生态链上，一个个爆品不断生成，同时产品也能完成新陈代谢。用户的需求会发生变化，硬件产品的形态也会不断更迭，只要生态的能量一直存在，爆品就如同春笋一样不断滋生，生生不息。

（2）阶段二案例分析

在第二阶段，进入小米生态链的几乎都是生产智能硬件的企业，小米生态链各主体间的技术重叠性仍然较高，这也保证了各主体间实现资源共享的可能性，因此，"利用型"合法性溢出战略仍然是小米的首选。与此同时，小米官方明确提出小米生态链的概念，对小米生态链的结构与规则进行了界定，这些举措推动了小米生态链中"支配性的组织间结构的出现"，提升了各主体间结构的一致性，促进了共谋模式的形成，这就为由成员企业向整个组织场域溢出合法性创造了可能。

这种背景下，小米公司将组织场域作为合法性溢出战略的实施对象，将"利用型"合法性溢出战略具体化为"竹林理论"，由此对组织场域的结构及其与成员企业之间的关系进行定义和说明。小米将自身比作土壤,将生态链企业比作一棵棵竹子,小米向生态链企业输出资金、价值观、方法论和产品标准,生态链企业是小米后院的金矿,小米和生态链企业是兄弟关系,互为彼此价值的放大器。与此同时,生态链企业也开始从生态链的角度出发对自身进行审视,主动向外界表明自己与小米生态链的关系。

在第二阶段,小米生态链几乎成了智能硬件产品的代名词,它与成员企业之间发生了基于相似性的属性替代,从而获得了由成员企业溢出的认知合法性。

在阶段二中,情境、合法性溢出战略与实施结果的组成要素以及它们之间的作用机理如图 4-2 所示。

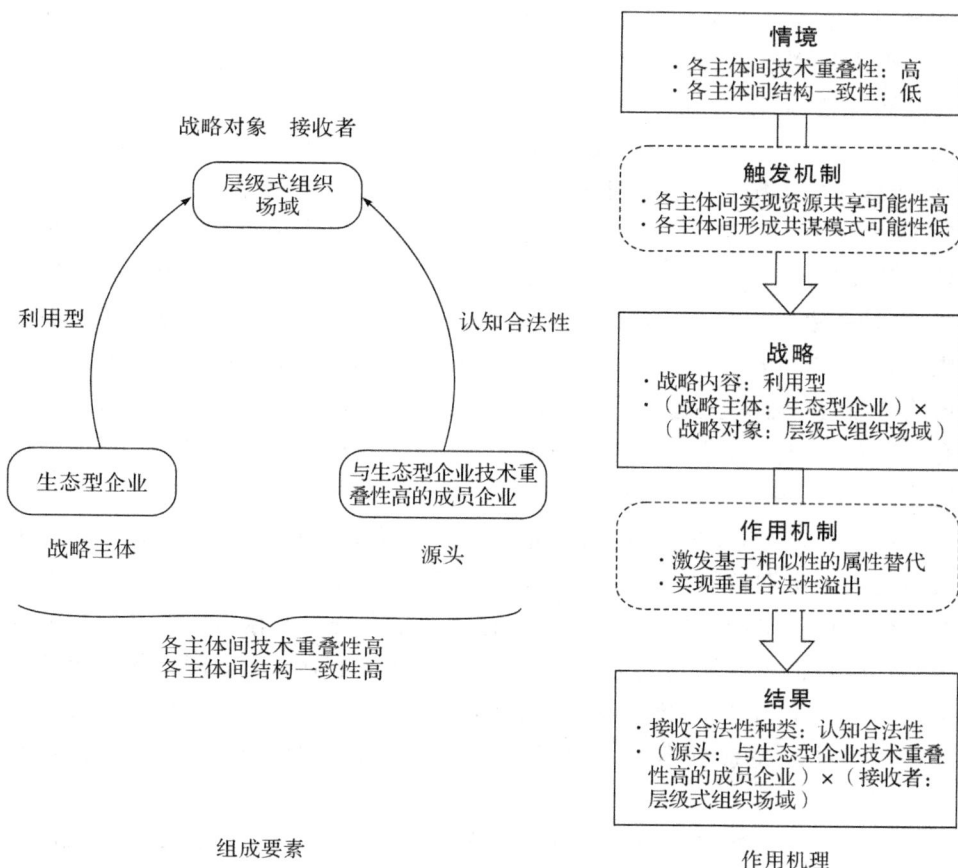

图 4-2　情境、战略与结果:组成要素和作用机理(阶段二)

4.4.3 阶段三(2016年)：小米生态链成了"杂货铺"

(1)阶段三案例描述

从2016年开始,小米开始渠道下沉,其线下渠道"小米之家"全面铺开。与此同时,小米生态链中涌现出大批生产生活耗材的企业,毛巾、床垫、纸巾、内裤、牙刷赫然在列,都成了小米生态链企业的产品,但是它们与小米生态链中早先的手机周边产品、智能硬件产品毫不相关。用户前往"小米之家"选购小米生态链产品的时候,似乎越来越看不懂,小米为什么会涉足这么多领域,这种做法能否保证小米生态链中产品的质量,种种担忧逐渐演变成了外界对小米生态链的失望、质疑、诟病甚至是炮轰,用户们觉得小米生态链已经跌下神坛,从一个好端端的高科技"专营店"变成了一个地地道道的"杂货铺"。

小米公司对外界的非议做出了回应,小米生态链谷仓学院创始人表示："小米模式的关键在于聚焦用户,而不是聚焦产品。小米早期的用户是17岁到35岁之间的理工男,随着时间的发展,这些用户体现出新的需求,小米就必须开发出新产品来满足他们。从本质上讲,小米不是一家生产手机的公司,而是一家以用户为中心的公司,只有这样,小米才能始终挖掘出新的商业机会,推出新的产品、新的服务,避免由于单一产品品类生命周期结束而使公司陷入窘境。"小米生态链谷仓学院创始人进一步强调："有人夸你、粉你,也有人骂你、黑你,这是互联网中的常态,我们必须适应这种常态,大家做互联网公司,就是要适应正反两边交锋。"

小米公司副总裁也多次向外界表示："小米做到现阶段,与生态链企业的关系已经由早期的孵化、跟进,变成了背书。与此同时,小米也由早期主要向生态链企业输出产品标准,转变为现在的向生态链企业输出价值观。我们要把小米的价值观传输到生态链企业之中,让这些企业生产的产品体现出四个关键词——不用挑、性价比、科技、高颜值,这些因素与小米生态链中具体有哪些产品系列关系就不大了,所以,小米生态链企业的产品线延长也不足为奇。"

小米公司创始人也频繁地在多个公开场合对小米生态链成为"杂货铺"的问题进行回应,他告诉外界："既然大家还不能完全理解小米的理论,那就暂且不谈理论,说得通俗一点,小米就是要像鲶鱼那样,去搅动一个个行业,

'逼迫'一个个行业发生变革。如果在一个行业、两个行业、一百个行业中都能做到，那最后可以得到一个非常伟大的结果，就是改变中国的制造业，这就是小米的梦想。"

此外，小米还组织了大量的线下沙龙，例如，"米粉节""米粉见面日"等，充分与用户互动，有时候小米公司创始人甚至亲自上阵，告诉用户小米计划通过生态链模式改变中国制造业的宏伟梦想。小米还组织"米粉"到小米生态链企业进行参观，力求通过此途径加深用户对于小米生态链理念的认知。

通过种种努力，少部分铁杆用户对于小米生态链的印象有了改变，从"杂货铺"中看到了小米公司打造小米生态链的真正用意，但是绝大多数用户仍然对小米生态链持观望的态度，从总体上看，外界对于小米生态链的失望、质疑、诟病甚至是炮轰并没有明显改观。

（2）阶段三案例分析

进入第三阶段后，小米生态链中出现了大量生产生活耗材（如毛巾、床垫、纸巾）的企业，这些企业与小米公司以及生产手机周边产品或生产智能硬件的成员企业的技术重叠性低，从整体上看，它们彼此之间在产品系列、组织结构、治理体系等方面的相似性也显著下降，这就使得小米生态链由之前较为简单的层级式组织场域向较为复杂的网状式组织场域转变，外界将其称为"杂货铺"。在此背景下，各主体间实现资源共享的可能性降低，因此，小米开始选择"探索型"合法性溢出战略，以探索如何帮助战略对象充分响应外部需求为导向，对战略对象进行定义或设计，旨在激发观众对于战略对象的情感反应，通过基于情感的属性替代，实现由战略对象向生产生活耗材的成员企业溢出规范合法性。

在第三阶段，可供选择的战略对象有三个，分别为小米公司、与小米公司技术重叠性高的成员企业、网状式组织场域。首先，为了规避风险，小米公司已经意识到不能为生态链企业承载过多的背书，所以小米公司没有将自己选为战略对象；其次，由于网状式组织场域刚刚形成，组织场域中各主体间的结构一致性较低，尚没有出现各方公认的"共谋模式"，也就是说还没有哪个成员企业可以代表"支配性组织间结构"，所以，选择与小米公司技术重叠性高的成员企业作为战略对象也不够妥当。基于此，小米公司将网状式场域作为战略对象。

小米公司一再向外界表示，小米生态链存在的目的是"改变中国制造业"，"让中国企业都制造出好产品"。此外，小米还通过多种线下方式，与用户互动,告诉用户小米计划通过生态链模式改变中国制造业的宏伟梦想,加深用户对于小米生态链理念的认知,由此向外界展示小米生态链对于外部所倡导的道德规范或价值观的充分响应。通过种种努力,少部分铁杆用户对于小米生态链的印象有了改变,从"杂货铺"中看到了小米公司打造小米生态链的真正用意,也就是说,小米生态链积累了一定的规范合法性。但是绝大多数用户仍然对小米生态链持观望的态度,对于小米生态链的失望、质疑、诟病甚至是炮轰并没有明显改观,也就是说,小米生态链距离用户"抽象的理想"仍有差距。因此,在第三阶段中,并未实现由网状式组织场域向生产生活耗材的成员企业溢出规范合法性。

在阶段三中,情境、合法性溢出战略与实施结果的组成要素以及它们之间的作用机理如图 4-3 所示。

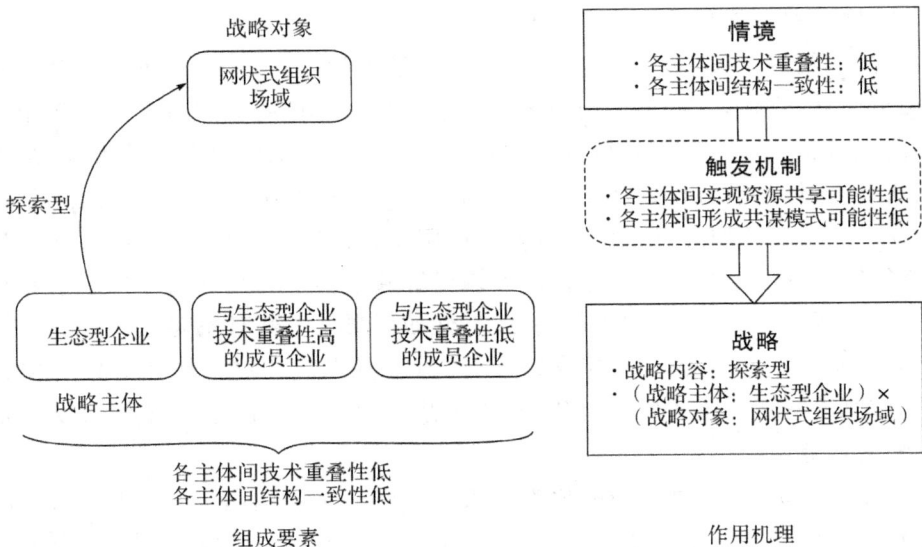

图 4-3　情境、战略与结果:组成要素和作用机理(阶段三)

4.4.4　阶段四(2017—2019 年):小米生态链的"新国货"梦

(1)阶段四案例描述

除了企业家这一身份之外,小米公司创始人还有一个身份——全国人大代表。早在 2016 年两会期间,"供给侧结构性改革""新经济""工匠精神"成为热词时,他就曾表示:"在过去的 5 年中,小米使自己的销售额快速地突破了 10 亿美金和 100 亿美金,在全球范围内,这都是个奇迹,因此,小米也受到了外界的高度认可;但是在未来 5 年中,小米的思路将有所改变,小米不再聚焦创造经济上的奇迹,而是要推动'新国货'运动,小米生态链就是'新国货'运动的载体。"小米公司创始人认为:"推动'新国货'运动,本质上就是要用'真材实料'制造出能够'感动人心'的产品,其实这里面体现了李克强总理在多个场合反复强调的精益求精的工匠精神。"

事实上,以手机发家致富的小米,到了 2016 年已基本实现多元化发展的目标,但作为一个有胆识、有雄心的企业,没有理由只是一直停留在固有的范围内去发展,更没有理由不去善用资源抓住机会,做一个"国货崛起"的推动者。因此,自 2017 年开始,小米充分响应国家发展战略,将小米生态链的战略布局提高到一个广泛而又深刻的层面上。小米一再向外界表示,小米生态链的存在不仅仅是要解决某个行业中技术创新、质量管控和品牌塑造的问题,而是要推动中国制造业整体从"供应性需求"向"体验性需求"转变,不但要保证用户能够购买到漂亮、精致的产品,而且要把精益求精的工匠精神注入到中国制造业之中,为中国供给侧结构性改革贡献力量。为此,小米公司创始人也在多个公开场合发表演讲,例如,他在国家证监会发表演讲,主题为"供给侧改革,小米新国货",还为武汉市委中心组(扩大)作了题为"小米的'互联网+'方法论"的专题报告,与此同时,他还与包括印度总理在内的多位高级领导人互动,借机向外界表明小米生态链的"新国货"梦想及其对于国家战略的响应。

"小米之家"是小米生态链产品的线下销售渠道,也是小米生态链实现"新国货"梦想的依托。小米一再强调"小米之家"代表了一种先进的销售方式,并将其命名为"新零售"。在 2017 年"两会"上,小米公司创始人提交了一份提案,题目为"大力发展'新零售',激发实体经济新动能",其中的"新零售"可以被视为"新国货"理念的延伸和补充。该提案指出:"新零售的核心是线上零售和线下零售相融合,用互联网电商的模式和技术来帮助实体零售店改善用户体验,提高销售效率,从而推动更多质优价廉的产品走入千家万户,推动消费升级。"小米公司创始人向外界表示:"'新零售'可以为实体经济注入新动能,实现线下零售与电商协同创新,推动消费升级,优化消费结构,促进供给侧改革,为实现 2020 年全面进入小康社会提供必要的支持与保障。"

在此阶段，小米不断地响应国家的政策，通过提出"新国货""新零售"等理念，充分把握住了国家供给侧结构性改革的号召，并凭借着其他企业不可比拟的平台优势，在实现企业业务扩展和盈利的同时，大幅提升小米在国内企业间的地位，获得了国家的肯定和支持，重构了用户对于小米生态链的信心，用户对于小米生态链中那些与小米技术属性差别很大的企业也有了重新的认识，小米生态链是"杂货铺"的声音已经越来越小了。与此同时，小米公司创始人也成为了世界著名杂志《连线》（Wired）的封面人物，并配以标题"是时候山寨中国了"（It's time to copy China），引发了各界的关注。

（2）阶段四案例分析

如表 4-1 所示，进入第四阶段后，也就是 2017 年，小米官方出版了《小米生态链战地笔记》，对小米生态链的经验与关键成员企业进行了盘点，意味着在小米生态链中"从事同一事业的系列组织中的参与者相互知悉的形成"。此外，随着小米生态链中各种管理制度和规则的逐步成熟，小米生态链中再次显现出"支配性的组织间结构"，即各低层级主体身上体现出的最常见的共有特征，代表了低层级主体的中心趋势，此时，各主体间结构一致性处于较高水平，整个网状式场域的结构化程度也较高。

与第三阶段相同，在第四阶段，小米仍然选取组织场域为战略对象，实施"探索型"合法性溢出战略。小米公司创始人充分利用自身的政治资源，通过参加两会、提交相关提案、在公开场合发表演讲、与包括印度总理在内的多位高级领导人互动等方式，向外界传输了小米生态链的"新国货""新零售"等理念，全面塑造了小米生态链所秉承的道德规范和价值观，借此充分彰显小米生态链对于国家供给侧结构性改革等重大战略的积极响应，获得了国家的肯定和支持，重构了用户对于小米生态链的信心，小米生态链是"杂货铺"的声音越来越小。世界著名杂志《连线》也对此发出了肯定的声音，甚至在封面给出了醒目的标题——"是时候山寨中国了"。这些结果表明，由小米生态链所构成的网状式组织场域已经积累了一定程度的规范合法性，并通过基于情感的属性替代，向生产生活耗材的成员企业溢出规范合法性。

在阶段四中，情境、合法性溢出战略与实施结果的组成要素以及它们之间的作用机理如图 4-4 所示。

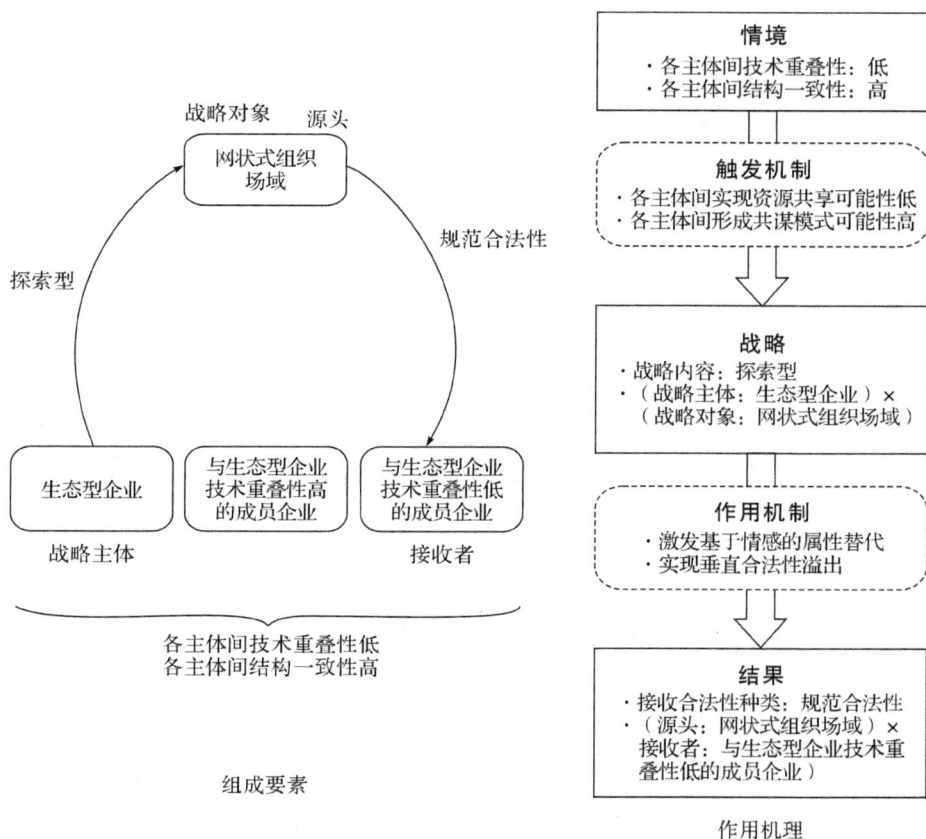

图 4-4　情境、战略与结果：组成要素和作用机理(阶段四)

4.4.5　动态演化

　　小米公司通过实施合法性溢出战略帮助成员企业获取合法性，不是一蹴而就的，需要经历一个过程。综合以上发现，遵循"情境→战略→结果"的思路，可以构建出情境、战略与结果的组成要素和作用机理的演化模型(见图 4-5 和图 4-6)。图 4-5 直观地描述了情境、战略、结果的组成要素在四个发展阶段中的演化路径，图 4-6 立足机理的层面，揭示了情境、战略、结果之间的关系以及其中潜藏的触发机制和作用机制。由于生态型企业在本案例中始终作为战略主体，同时，合法溢出战略的实施结果重点在于接收者所获取的合法性，故，本着简约的原则，图 4-6 对于战略主体、源头未加以展示。

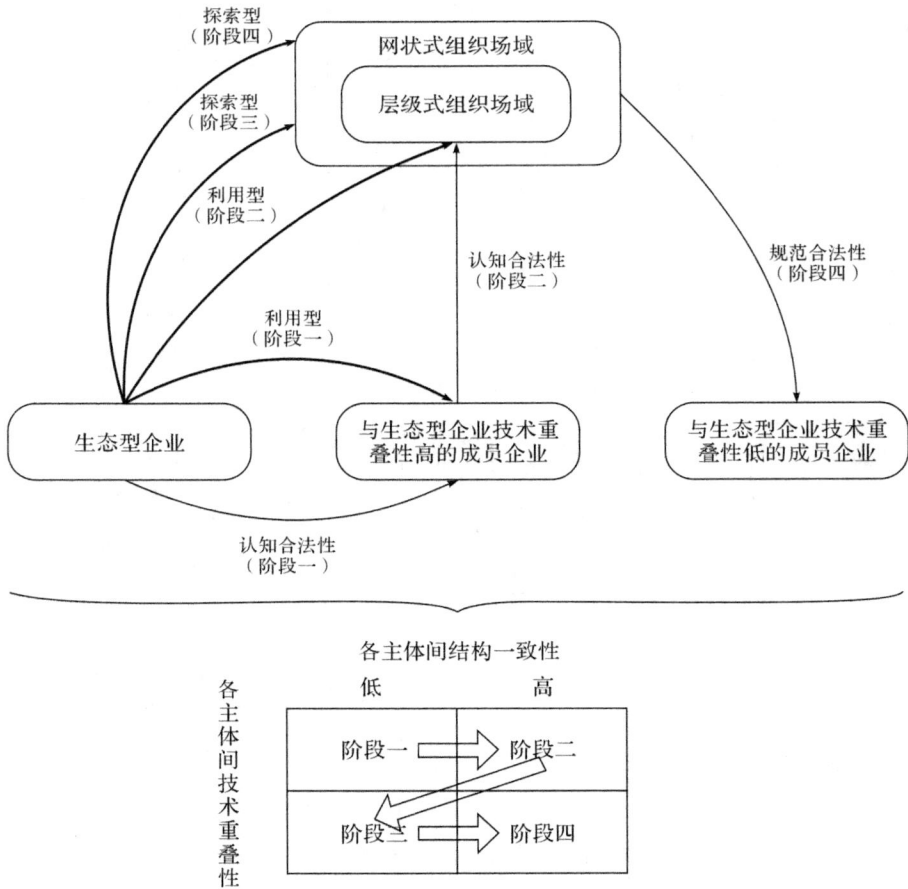

图 4-5　情境、战略与结果的组成要素的演化模型

注:带箭头的粗实线的起点为"战略主体",终点为"战略对象",起点和终点之间为"战略内容";带箭头的细实线的起点为"源头",终点为"接收者",起点和终点之间为"所接收合法性的种类"。

此外,值得关注的是,在生态型企业向与其技术重叠性低的成员企业溢出合法性的过程中,组织场域发挥了重要的桥梁作用,具体体现为:作为战略对象,组织场域在阶段二和阶段三,分别在"利用型"和"探索型"合法性溢出战略的驱动下,依次获取了认知合法性和规范合法性,在阶段四中,随着"探索型"合法性溢出战略的进一步实施,组织场域积累的规范合法性超出了溢出阈值,最终实现了由组织场域向与生态型企业技术重叠性低的成员企业溢出规范合法性。

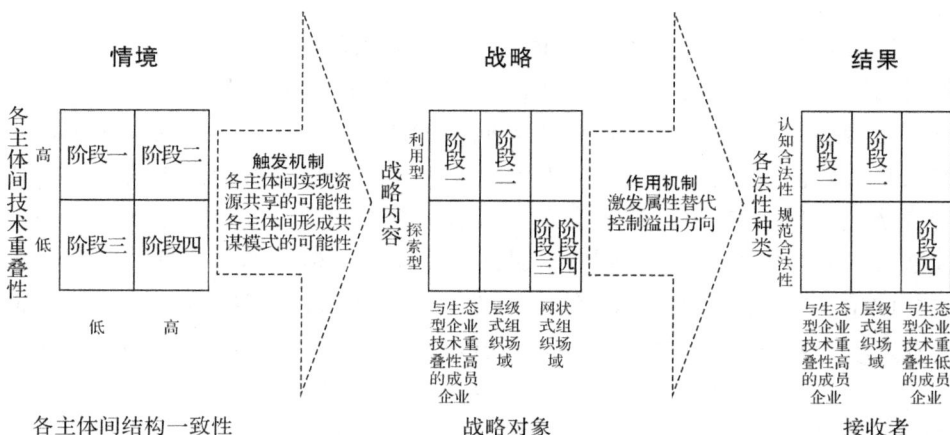

图 4-6　情境、战略与结果之间作用机理的演化模型

4.5　结论与展望

4.5.1　研究结论

本章采用纵向单案例研究法,重点解决两个问题:其一为"生态型企业的合法性溢出战略是什么",其二为"在外部情境演变过程中,生态型企业通过实施合法性溢出战略帮助成员企业获取合法性的机理如何",主要得出如下两点结论。

第一,生态型企业合法性溢出战略包含"战略主体"、"战略对象"和"战略内容"三个维度:"战略主体"是合法性溢出战略的制定者和实施者,由生态型企业承担;"战略对象"是合法性溢出战略的实施对象,包括与生态型企业技术重叠性高的成员企业、层级式组织场域和网状式组织场域;"战略内容"是合法性溢出战略的基本内涵和体现形式,包括"利用型"和"探索型"两种,前者是指战略主体以充分利用自身资源为导向,对战略对象进行定义或设计,主要体现为对战略对象的产品、品牌、治理结构等进行定义或设计,后者是指战略主体以探索如何帮助战略对象满足外部需求为导向,对战略对象进行定义或设计,主要体现为对战略对象所倡导的道德规范、所践行的价值观等进行定义或设计。

第二,情境特征触发生态型企业合法性溢出战略选择,进而决定着合法性溢出结果。如图 4-6 所示,情境特征包含"各主体间技术重叠性"和"各主体间结构一致性"两个维度,"各主体间技术重叠性"决定了各主体间实现知识共享的可能性,进而决定着生态型企业选择利用型合法性溢出战略或探索型合法性溢出战略,这一选择实质上直接影响着能够激发出基于相似性的属性替代还是基于情感的属性替代,最终决定了所能溢出的合法性的种类;"各主体间结构一致性"通过决定各主体间形成共谋模式的可能性,影响生态型企业对于合法性溢出对象的选择,实质上控制了合法性溢出的方向,进而决定了谁是合法性溢出的接收者。情境特征两个维度的交替变化界定了生态型企业所经历的四个发展阶段,情境、战略与结果的组成要素以及它们之间的作用机理在这四个阶段中不断演化,最终达成了生态型企业向成员企业溢出合法性。

4.5.2 理论贡献

本章主要有如下 3 点理论贡献。

第一,识别和界定了生态型企业的合法性溢出战略。虽然现有文献发现,合法性溢出的源头或接收者如果在组织形式(Yu 等,2008;Jonsson 等,2009;Desai,2011)、组织结构(Yu 和 Lester,2008)、市场地位(Yu 等,2008;Goins 和 Gruca,2008)、资源配置方式(Goins 和 Gruca,2008)、网络中心性(Yu 和 Lester,2008)、声誉(Yu 和 Lester,2008)、发展阶段(Kostova 和 Zaheer,1999;Zimmerman 和 Zeitz,2002)、地理位置(Yu 和 Lester,2008)等方面发生变化,或者媒体对源头进行报道(Haack 等,2014),会影响观众对合法性溢出结果的判断,但现有文献并未从战略的高度对这些因素进行审视,对于如何战略性地操控这些因素,还无法做出充分解释。本章基于"战略主体"、"战略对象"和"战略内容"三个维度,对生态型企业合法性溢出战略进行了识别和界定,揭示了不同情境下三个维度之间的匹配关系,解决了生态型企业合法性溢出战略"是什么"这一基础性问题,弥补了现有文献中生态型企业合法性溢出战略缺位这一研究局限。

第二,动态地揭示了生态型企业通过实施合法性溢出战略帮助成员企业获取合法性的机理。现有文献立足层级结构或网状结构,截面性地揭示了各种影响因素如何作用于接收者的合法性（Haack等，2014），但是，尚无法动态地解释从层级结构向网状结构变迁过程中，这些影响因素发挥作用的机理。本章遵循战略管理领域中特别强调外部环境对组织战略触发作用的研究传统（Andrews，1971；Porter，1985），基于"各主体间技术重叠性"和"各主体间结构一致性"两个维度对企业创新生态系统所代表的情境进行刻画，在此基础上，遵循"情境→战略→结果"的思路，构建出了情境、战略与结果之间作用机理的演化模型（见图4-6）。这些研究结论是在明确了生态型企业合法性溢出战略"是什么"的基础之上，对生态型企业合法性溢出战略与其触发因素和结果因素"如何"联动进行的进一步揭示，对现有文献仅从截面性的角度探讨合法性溢出战略相关问题进行了完善和补充。

第三，立足合法性资源的视角为生态型企业战略理论的进一步发展提供了新思路。资源观是生态型企业战略理论相关研究的重要视角（龚丽敏和江诗松，2016），但是现有文献所关注的资源通常包括人力、设备、资金、知识、技能等资源（Lin等，2017），一种对于组织生存与发展十分重要，而且同样可以在组织间传递与共享的合法性资源却被忽视。作为一项探索性研究，本章将合法性资源引入生态型企业战略理论的研究体系，可以为学者们进一步丰富和发展该理论提供新思路。

4.5.3　局限性与未来研究展望

本章存在一定的局限性，这也为后续研究提供了机会。

第一，本章认为案例企业在构建企业创新生态系统之前已经具有了认知合法性，但是并未对这一观点进行深入的分析和探讨。在后续研究中，可以继续选择小米公司为案例研究对象，探讨小米公司通过何种手段获取了认知合法性，这些手段的作用路径是什么。

第二，生态型企业的合法性溢出具有"双刃剑"效应，生态型企业在向外界溢出合法性的同时，也要考虑如何保护自身的合法性不被成员企业的不端行为或者低水平的创新意愿所破坏。因此，后续研究可以关注生态型企业合法性的保护机制，从而破解生态型企业合法性溢出的"双刃剑"效应。

第三，根据理论抽样的原则，本章选取小米公司为案例研究对象，事实上，海尔、华为、美的等企业也构建了企业创新生态系统，它们与小米生态链有什么差别？本章的结论对于这些企业是否适用？值得进一步探索。

第5章 生态型企业合法性保护战略的实证研究

5.1 引　言

为了突破产业增长的天花板,充分响应高度细分化、多元化的市场需求和复杂的市场竞争,传统产业的领导者开始尝试从产品冠军向生态型企业转型,由此实现面向未来的战略升维。生态型企业打破了等级森严的科层式组织结构,利用数字技术搭建起网络平台(如小米的 IoT 开发者平台、海尔的海创汇、美的的美创平台、华为的华为云开发者平台、韩都衣舍的智汇蓝海等),并以此为支点,通过资源的大规模集中和模块化调用,对一个个高度敏捷、精干的成员企业进行赋能与孵化(Eisenmann 等,2011),使它们有动力、有能力为用户提供高水平的解决方案,从而在大企业专业资源的规模优势与小企业敏捷应变的灵活优势之间达成有机统一(Adner,2017),由此打造出一个个相对独立的、能够自我调节的企业创新生态系统。

由产品冠军转型而来的生态型企业深受用户的认可、接受与信任,基于新制度理论视角,意味着用户赋予了该组织高水平的合法性(Bitektine 和 Haack,2015)。合法性是"在某一包含规范、价值观、信仰和定义的社会建构系统中,外部利益相关者(即观众)对一个实体的行为是令人满意的、合适的或恰当的一种普遍性感知或假设"(Suchman,1995)。从本质上讲,合法性是由观众赋予的,归根结底存在于观众的眼中(Tost,2011)。合法性是一种能给组织带来良好绩效和竞争优势,可以被组织主动操控,帮助组织获取其他资源的重要资源,与组织存活率息息相关(Zimmerman 和 Zeitz,2002)。因此,生态型企业总是想方设法地将自身的合法性溢出给成员企业,帮助它们克服新入者劣势、突破合法性阈值(Überbacher,2014)。对于这些无法凭借以往业绩向用户证明自身实力,而又难以独自建立合法性的成员企业而言,由生态型企业溢出而来的合法性就是它们的"生命之源"(Fisher 等,2016)。

值得注意的是,生态型企业在向成员企业溢出合法性过程中时常会反受其害。例如,为了突破手机行业的天花板,在物联网时代寻求新的发展空间,小米于 2013 年开始从手机冠军向生态型企业转型,小米期望依托前期积累的资源,尤其是合法性资源(小米在实施平台转型之前已经有 2 亿～3 亿"米粉",这些观众赋予了小米极高的合法性),孵化出 100 个"小小米"。

一方面,小米在很大程度上的确实现了这一目标。通过不断努力,小米将一些生产手机周边产品或生产智能硬件的企业(如生产插线板的青米科技、生产扫地机器人的石头科技)推上了高速发展之路,有些企业的销量甚至攀至全球第一。小米联合创始人刘德认为,这一火爆景象在很大程度上可以归因于"生态链企业享受了小米的用户群红利",基于新制度理论来看,刘德所谓的"用户群红利"就是小米溢出给成员企业的合法性。

另一方面,小米向成员企业溢出合法性过程中也存在着"阴暗面"。2014年 12 月,智米科技生产的空气净化器涉嫌抄袭日本品牌巴慕达;2015 年 3 月,小蚁科技生产的运动相机存在质量问题遭到投诉;2016 年 3 月,纯米科技生产的电饭煲被网友质疑抄袭无印良品。成员企业接二连三的负面事件使得与它们具有强烈认知相关性的小米深陷舆论漩涡,饱受用户诟病,小米的合法性也严重受损。为此,小米创始人雷军在 2017 年 11 月的小米投资年会上曾大声疾呼:"小米孵化的企业只会越来越多,它们中的任何一家出了问题都会上升为小米的危机,如果再不重视这个事情,小米将被毁于一旦。"

小米的例子生动地展示了生态型企业合法性溢出的"阴暗面",这一客观存在的"阴暗面"并不会自然消退,组织必须主动地设计出一套机制才有可能加以解决。此外,我们也观察到,这一"阴暗面"在海尔、美的、华为、韩都衣舍等生态型企业身上也有明显的体现,具有代表性和一般性,有必要进行系统的理论研究。综上所述,本章将研究问题界定为:"生态型企业的合法性保护机制是什么?这些保护机制发挥作用的机理如何?"力求通过回答此问题为破解生态型企业合法性溢出的"阴暗面"提供理论框架和解决方案。

5.2 文献综述与研究模型

5.2.1 生态型企业合法性溢出及其"阴暗面"

由于组织自身的复杂性以及观众固有的刻板印象和有限理性，导致每个组织建立合法性的过程并非是完全独立的，它们之间存在一定的关联性。为了解释这一现象，Kostova 和 Zaheer（1999）提出了合法性溢出的概念，并将其诠释为：如果一个基本主体（源头）在保持自身合法性不变的前提下，改变了另一个与之"认知相关"的次级主体（接收者）的合法性，合法性溢出就发生了。接收者的合法性水平提高，则是正向合法性溢出，反之，则是负向合法性溢出。从微观层面讲，合法性溢出的本质是"属性替代"（Kahneman 和 Frederick，2002），也就是说，观众依据容易触及的启发式属性（即源头的合法性），对他们难以直接获得有效线索的目标属性（即接收者的合法性）进行评价（Kahneman 和 Frederick，2002），这是一个减少用户脑力劳动的过程，那些相对困难的判断被与之在概念上相关而且不费力的判断所替代（Shah 和 Oppenheimer，2008；Kahneman，2011）。

具体到本章，由产品冠军转型而来的生态型企业拥有丰富的合法性，为了提升成员企业的存活率，生态型企业会通过种种手段与成员企业在用户眼中形成认知相关，在此基础上用户会遵循属性替代的逻辑，依据生态型企业的合法性对成员企业的合法性进行判断，进而使得生态型企业的合法性溢出给成员企业。这种背景下，生态型企业拥有的合法性就成了被众多成员企业所共享的"合法性公共资源"（Haack 和 Scherer，2010）。

早在 1968 年，Hardin 就以自然资源为例，在 *Science* 上提出了"公共资源的悲剧"这一观点，其昭示着那些由最多的人共享的公共资源，却只得到了最少的照顾，例如，空气、海洋等，此问题源自每个个体都企求扩大自身可使用的资源，却将资源损耗的代价转嫁给外界。事实上，"公共资源的悲剧"在生态型企业向成员企业溢出合法性过程中也在上演：一方面，有些成员企业不愿创新，具体体现为它们不愿意在相关制度的约束下或在生态型企业的协调下，增加创新投入或进行研发合作；另一方面，还有些成员企业存在不端行为,具体体现为它们所提供的产品/服务质量不合格,或者通过欺骗、造假等不良手段,狡诈地追寻自我利益。这些负面的意愿或行为不但会损害成员企业自身的合法性,更为糟糕的是用户还会遵循属性替代的逻辑,依据已经受损的成员企业的合法性对生态型企业的合法性做出负面评价。此时,在成员企业(源头)与生态型企业(接收者)之间发生了负向合法性溢出。

5.2.2　制定生态型企业合法性保护战略的两种思路

通过上述分析,我们认为生态型企业的合法性之所以会遭到成员企业破坏主要有两个原因(Kostova 和 Zaheer,1999;Haack 等,2014):第一,成员企业与生态型企业存在认知相关,为用户依据成员企业的合法性评价生态型企业的合法性创造了条件;第二,成员企业低水平的创新意愿或者不端行为,导致用户依据成员企业的合法性对生态型企业的合法性做出负面评价。

针对上述原因,我们依据新制度理论视角下的相关观点开出"药方",由此提出设计生态型企业合法性保护战略的两种思路。

思路一:新制度理论学者提出了解耦的概念(Meyer 和 Rowan,1977),此概念意味着组织间可以通过松散耦合来降低彼此之间的相互影响。在具体研究中,学者们将"解耦"进一步概念化为组织间的分隔机制,认为通过该机制可以降低某企业与周边问题企业的认知相关,实现合法性保护(Haack 等,2014;Sinha 等,2015)。

思路二:新制度理论学者提出组织场域的概念(DiMaggio 和 Powell,1983),将其界定为"包括关键的供应商、原料与产品购买商、规制机构以及其他提供类似服务与产品的组织等聚合在一起,所构成的一种被认可的制度生活领域"。在社会与社区变迁中,组织场域已经成为联系组织层次与社会层次的重要分析单元,不仅限于相互竞争的组织形成的互动网络,还包括与"焦点组织"相关的"行动者"。把这些观点置于本章,意味着将生态型企业这一"焦点组织"与其相关的"行动者"(成员企业等)组成的企业创新生态系统视为一个组织场域(Ansari 和 Philips,2011),通过打造组织场域治理机制,即企业创新生态系统治理机制,形成制度压力,进而主动地、从源头上控制成员企业的意愿或行为,在理论上是可行的(Iansiti 和 Levien,2004;Scott,2008)。

5.2.3 分隔机制

有个别学者对分隔机制进行了初步探索。例如，Haack 等（2014）的概念性研究表明：接收者并不应一味地与源头保持高度的耦合，当源头的行为与观众的期盼存在偏差时，接收者应主动地与源头进行分隔（如减少合作、发布声明或弱化关系），这种分隔机制会降低消极合法性溢出对接收者的影响，有时甚至会促成积极合法性溢出的发生。此外，Sinha 等（2015）利用纵向案例研究法探讨了并购后整合阶段，并购企业如何通过分隔机制调整自身与发生问题的并购对象之间的关系，进而降低这些问题企业对于自身合法性的侵害。在这些研究中，学者们将分隔机制理解为一系列措施，这些措施通过降低两个行动主体之间的一体化程度，来弱化观众对于二者之间相关性的认知，主要体现为发表声明、弱化关系、减少合作等。

分隔机制在短期内临时解决突发性问题是有效的，也是必要的，但不能将其作为长效机制来使用，它存在失效的边界：首先，分隔机制是被动型的，往往在成员企业发生问题后才被生态型企业所采用，此时不良结果已经产生；其次，分隔机制仅仅作用于生态型企业与成员企业的关系层面，并未从源头上抑制成员企业的不端行为、提升它们的创新意愿。

5.2.4 企业创新生态系统治理机制

为保证组织场域高效运转，学者们对组织场域治理展开研究，并将其解释为一些"安排，它通过共识所产生的机制，通过等级制权威，或者通过强制性手段，支持某一系列行动者对另一系列行动者进行常规的控制"（Scott 和 Davis，2007）。治理主体、治理对象和治理机制是组织场域治理的三大要素，治理主体在面对组织与环境的互动关系时，并非过度强调自上而下的制度化构成以及由此引发的组织同构，还能通过自身或者与其他组织联合进行的集体行动，推动治理机制的构建，由此约束治理对象的意愿或行为（Julian 等，2008；Peng 等，2009）。可以说，治理机制是一个可塑性很强的要素，通常被归纳为组织场域规制、组织场域规范和组织场域文化三类。

企业创新生态系统是一种具体的组织场域（Scott，2008），本章将它的治理主体界定为生态型企业，将它的治理对象界定为成员企业，将它的治理机制归纳为如下三类。

第一,企业创新生态系统规制:是指生态型企业依托政府颁布的政策指令,通过互补惩罚、政策引导等行政手段,对成员企业进行干预的一类治理机制,其核心逻辑是成员企业对企业创新生态系统内正式制度安排的集体遵从(Braunstein-Bercovitz 等,2014;Latusek 和 Ratajczak,2014;Felin 和 Zenger,2014)。

第二,企业创新生态系统规范:是指生态型企业依托企业创新生态系统内形成的非正式制度规范,对成员企业进行干预的一类平级化治理机制,其核心逻辑是成员企业对企业创新生态系统内自发形成的诚信规范、声誉机制等非正式制度安排的集体遵从(Griffith 和 Tengnah,2005;Howells,2006;Provan 和 Kenis,2007;Fauchart 和 Von Hippel,2008)。

第三,企业创新生态系统文化:是指生态型企业依托企业创新生态系统内长期以来形成的关于社会性质的共同理解以及建构意义的认知框架,对成员企业进行干预的一类治理机制,其核心逻辑是成员企业对各方都能接受的角色、角色关系以及惯例的集体遵从(Thornton 等,2012)。

综上所述,我们已经可以清晰地刻画企业创新生态系统治理机制的内涵与类别,并预判可以通过打造此类治理机制,形成制度压力,主动地、从根源上控制成员企业的意愿或行为,但是针对这一预判还缺乏系统的理论推演和严格的实证检验。此外,企业创新生态系统治理机制也不能"包治百病",它虽然可以在企业创新生态系统层面形成制度压力,从源头上控制成员企业的意愿或行为,具有一定的前瞻性和长效性,但此类机制的打造及治理效应的发挥均需要一定周期,因此,在解决突发问题时就显得不是那么有效。

5.2.5　研究模型

分隔机制、企业创新生态系统治理机制可以作为生态型企业保护自身合法性的两种机制,但是二者均存在短板:一方面,分隔机制属于被动应急型的保护机制,虽然能在短期内解决突发问题,但是它属于事后控制,且无法从根源上控制成员企业的意愿或行为,所以不能将其作为长效机制来使用;另一方面,企业创新生态系统治理机制属于主动长效型的保护机制,虽然能够通过制度压力,从源头上对存在问题的成员企业进行控制,但是此类机制的打造及其效应发挥均需要一定的周期,所以对于解决突发问题适用性有限。从总体上看,两类机制的特征及其能够发挥的效应是相互补充的,因此,本章将被动应急型的分隔机制与主动长效型的企业创新生态系统治理机制纳入同一个框架,尝试构建生态型企业合法性的双层保护机制,据此,提出本章的研究模型(见图 5-1)。

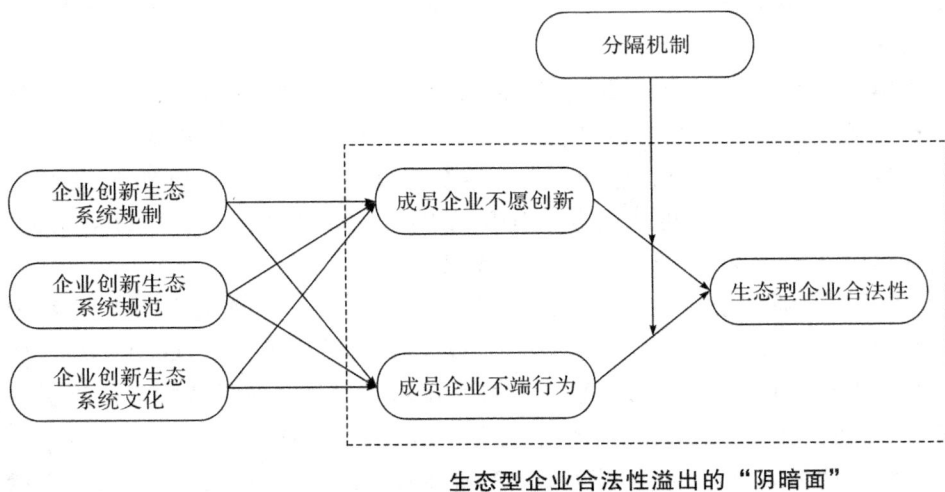

图 5-1　本章的研究模型

5.3　研究假设

5.3.1　分隔机制的作用效果

作为企业创新生态系统的组成元素,生态型企业和成员企业在观众眼中是认知相关的,因此,观众不但可以将生态型企业的合法性作为启发式属性,基于此对成员企业的合法性(即目标属性)做出判断,也可以反其道而行之,将成员企业的合法性作为启发式属性,据此对生态型企业的合法性(即目标属性)进行判断(Verhaal 等,2017)。因此,当成员企业存在低水平的创新意愿或不端行为导致其合法性受损时,观众会以此为启发式属性,对与之存在认知相关的生态型企业的合法性做出负面评价,此时,在观众眼中生态型企业的合法性会遭到破坏。

为了缓解这一负面效应,生态型企业依托分隔机制,来降低它与问题成员企业之间的一体化程度。例如,生态型企业可以公开发表声明,表明自身正确的价值主张,借此与问题成员企业相分隔;也可以与问题成员企业减少合作、减少沟通频次、减少共同制定目标,从而以相对独立的方式来响应环境;还可以主动与问题成员企业终止合同,由此来保证自身独立的身份(Haack 等,2014;Sinha 等,2015)。这些措施有助于弱化观众对于问题成员企业与生态型企业认知相关性的感知,实质上也就是弱化了问题成员企业的合法性在观众对于生态型企业合法性判断过程中,所扮演的启发式属性角色,这种背景下,问题成员企业的合法性对于生态型企业的合法性的属性替代作用将减弱(Kahneman 和 Frederick,2002)。本章将问题成员企业的具体表现界定为成员企业不愿创新、成员企业不端行为,基于此,我们提出如下假设:

　　　假设 1:分隔机制在成员企业不愿创新与生态型企业合法性之间起负向调节效应。

　　　假设 2:分隔机制在成员企业不端行为与生态型企业合法性之间起负向调节效应。

5.3.2　企业创新生态系统治理机制的作用效果

企业创新生态系统规制、规范和文化的打造,意味着企业创新生态系统对于外部环境中相关法律法规、主流规范以及主流社会文化的积极响应,可以为观众给予企业创新生态系统或其组成元素——尤其是生态型企业,令人满意的、合适的或恰当的感知与假设,提供保障。因此,我们认为,企业创新生态系统治理机制的打造对于生态型企业获取高水平的合法性,具有直接的推动作用。

进一步讲,企业行为并非总是追求短期收益的"效率型驱动",它们必然会受到来自于组织场域合法性压力的塑造和影响(Kostova 和 Zaheer,1999),也就是说,企业行为只有与场域规则、规范、社会理念或文化等保持一致,才能在组织场域内生存,进而实现可持续发展(Meyer 和 Rowan,1977;Delgado-Ceballos 等,2012;Berrone 等,2013)。就本章关注的问题而言,企业创新生态系统治理机制的存在,使得成员企业能够感知到来自组织场域的合法性压力,为此,成员企业会主动地自我约束,促使自身的形态、结构、行为或意愿变得合理、可接受，在这种背景下，成员企业对生态型企业合法性进行破坏的机率就会降低（Meyer 和 Rowan，1977；Yiu 和 Makino，2002；Peng 等，2009；Menguc 等，2010）。

综上所述，本章认为企业创新生态系统治理机制可以通过抑制成员企业的不端行为或低水平的创新意愿，由此来保护生态型企业的合法性。事实上，这也映射了本章提出的观点——企业创新生态系统治理机制属于主动型和长效型机制。

更加深入地分析，合法性压力通常被分为三种（DiMaggio 和 Powell，1983；Teo 等，2003；Liu 等，2010；Boutinot 和 Mangematin，2013；Cao 等，2014；Li 等，2017）：第一，强制压力（coercive pressure），它是指组织外源性提供者或具有权威、强制力的重要机构（如风险投资家、银行或政府机构）施加给企业组织的一种强制力，迫使企业组织采用某种结构或行为模式，若组织不顺从或违反，就会受到相应的惩罚。第二，规范压力（normative pressure），它是指高校、行业专家、专业咨询机构等在企业专业知识的形成及推广过程中施加的压力，迫使其与场域共享观念或者共享的思维方式趋于相同。第三，模仿压力（mimetic pressure），它是指不确定性环境下，获得成功的同行企业施与目标企业的压力，迫使目标企业模仿其成功实践或组织结构。这三种合法性压力事实上是与本章界定的三种治理机制（企业创新生态系统规制、规范、文化）相呼应的，所以，我们进一步推测：企业创新生态系统规制、规范、文化分别使得成员企业感知到强制压力、规范压力、模仿压力，由此抑制它们的低水平创新意愿或不端行为，最终保护生态型企业的合法性。也就是说，成员企业不愿创新、不端行为是企业创新生态系统治理机制与生态型企业合法性之间的桥梁因素，基于此，我们提出如下两组假设：

假设 3：企业创新生态系统治理机制通过抑制成员企业不愿创新来保护生态型企业合法性。

假设 3-1：企业创新生态系统规制通过抑制成员企业不愿创新来保护生态型企业合法性。

假设 3-2：企业创新生态系统规范通过抑制成员企业不愿创新来保护生态型企业合法性。

假设 3-3：企业创新生态系统文化通过抑制成员企业不愿创新来保护生态型企业合法性。

假设 4：企业创新生态系统治理机制通过约束成员企业不端行为来

保护生态型企业合法性。

　　假设 4-1：企业创新生态系统规制通过约束成员企业不端行为来保护生态型企业合法性。

　　假设 4-2：企业创新生态系统规范通过约束成员企业不端行为来保护生态型企业合法性。

　　假设 4-3：企业创新生态系统文化通过约束成员企业不端行为来保护生态型企业合法性。

5.3.3　分隔机制与企业创新生态系统治理机制的交互效应

　　成员企业为了克服新入者劣势、突破合法性阈值、提升存活率，必须尽快获取合法性，在短时间内冲到"平流层"。在企业创新生态系统中，成员企业可以通过两种思路实现此目标：一种思路是，生态型企业在着手构建企业创新生态系统之前就已经积累了丰富的合法性，因此，成员企业可以设法与生态型企业建立关联，通过生态型企业的合法性溢出来获取合法性；另一种思路是，作为企业创新生态系统这一组织场域中的一员，成员企业可以通过遵从（指企业对既有场域制度的服从）、选择（指企业选择有利于其生存的场域制度）、操控（指企业操纵场域制度以培育公众支持）（Suchman，1995；Scott，2008）和创造（指通过创造新制度场域规则使得自身行为与新创制度情境相一致，从而获取利益相关者的支持）（Zimmerman 和 Zeitz，2002）等手段，证明自身的行为、结构以及惯例与社会规则、规范、社会理念或文化相一致（Wang等，2014）。然而，成员企业往往不具备通过选择、操控或创造这三种主动型机制来获取合法性的能力，因此，采用遵从的方式，对企业创新生态系统的制度安排加以服从，以获取观众的认可与信赖，进而获得合法性，就成了生态型企业在第二种思路下更为可取的手段。

　　从理论上讲，成员企业可以同时遵循两种思路来获取合法性，它们是相容的、并行的，但在实现操作中，如果成员企业发现其中一条思路无法实现其目标时，那么，它们就会将主要精力放在另一条思路上。依据这一逻辑，我们认为，当分隔机制充分发挥作用时，在观众眼中成员企业与生态型企业之间的认知相关性将被弱化，实质上也就是弱化了成员企业与生态型企业之间属性替代的程度，这就给成员企业借助生态型企业溢出的合法性提升自身的合法性带来了困难。这种背景下，成员企业就会将获取合法性的期望诉诸同组织场域进行制度同构,为此,成员企业会主动抑制自身低水平的创新意愿、约束自身不端的行为,由此来证明自身的行为、结构以及惯例与企业创新生态系统的规制、规范和文化等制度安排一致,从而获得观众的认可和支持。在此过程中,由于成员企业低水平创新意愿和不端行为发生机率的下降,生态型企业的合法性也就得到了更加有效的保护。

综上所述,我们认为分隔机制的作用越强,企业创新生态系统治理机制通过抑制成员企业不愿创新或不端行为对生态型企业合法性产生的间接效应也就越强,也就是说,成员企业不愿创新或不端行为在企业创新生态系统治理机制与生态型企业合法性之间发挥的中介作用,被分隔机制正向调节,即成员企业不愿创新或不端行为是被调节的中介变量(moderated mediator),因此,我们提出如下假设:

假设5:成员企业不愿创新在企业创新生态系统治理机制与生态型企业合法性之间发挥的中介作用,被分隔机制正向调节。

假设5-1:成员企业不愿创新在企业创新生态系统规制与生态型企业合法性之间发挥的中介作用,被分隔机制正向调节。

假设5-2:成员企业不愿创新在企业创新生态系统规范与生态型企业合法性之间发挥的中介作用,被分隔机制正向调节。

假设5-3:成员企业不愿创新在企业创新生态系统文化与生态型企业合法性之间发挥的中介作用,被分隔机制正向调节。

假设6:成员企业不端行为在企业创新生态系统治理机制与生态型企业合法性之间发挥的中介作用,被分隔机制正向调节。

假设6-1:成员企业不端行为在企业创新生态系统规制与生态型企业合法性之间发挥的中介作用,被分隔机制正向调节。

假设6-2:成员企业不端行为在企业创新生态系统规范与生态型企业合法性之间发挥的中介作用,被分隔机制正向调节。

假设6-3:成员企业不端行为在企业创新生态系统文化与生态型企业合法性之间发挥的中介作用,被分隔机制正向调节。

5.4　研究方法

采用问卷调查法验证上述假设,具体阐述如下。

5.4.1　问卷填答者

在小米、海尔、美的、华为所构建的企业创新生态系统中,选取成员企业战略部门或市场部门的管理人员作为问卷填答者,填写分隔机制、企业创新生态系统治理机制的问卷;选取这些成员企业的用户作为问卷填答者,填写成员企业不愿创新、成员企业不端行为、生态型企业合法性的问卷。原因在于:第一,小米、海尔、美的、华为所构建的企业创新生态系统是中国乃至全球非常知名且规模庞大的企业创新生态系统,其中的成员企业数量众多,可以满足数据采集需求。第二,通过前期调研笔者发现,成员企业破坏生态型企业合法性的现象在这些企业创新生态系统中时有发生,这一现实背景与本章期望探讨的研究问题非常吻合。第三,成员企业战略部门或市场部门的管理人员,对于生态型企业所打造的分隔机制、企业创新生态系统治理机制的内涵、特征、使用情况有比较清晰的把握,安排他们填写分隔机制、企业创新生态系统治理机制的问卷,可以保证所采集数据的精准性。第四,本章认为,成员企业不愿创新或不端行为之所以对生态型企业的合法性会产生影响,是因为二者在观众眼中存在属性替代。本章将观众界定为用户,故,安排成员企业的用户填写成员企业不愿创新、成员企业不端行为、生态型企业合法性的问卷。第五,从两个源头收集数据,有利于降低共同方法偏差(common method biases,CMB)发生的概率。

5.4.2　问卷设计

通过文献研究以及深度访谈,设计成员企业不愿创新(Teo 等,2003;Khalifa 和 Davison,2006;Liu 等,2010;Elangovan,2016)、成员企业不端行为(Dahlstrom 和 Nygaard,1999;Cavusgil 等,2004;Wuyts 和 Geyskens,2005)、生态型企业合法性(Certo 和 Hodge,2007)、分隔机制(Haack 等,2014;Sinha 等,2015)、企业创新生态系统规制(Mistri,1999;Visser 和 Langen,2006)、企业创新生态系统规范(Loughry 和 Tosi,2008;Visser 和 Langen,2006)和企业创新生态系统文化(Denison 和 Mishra,1995)的量表,均采用 7 级李克特量表。

依据 Ritala 等(2015)的观点,将成员企业规模(分为 20 人及以下、21～

50 人、51～100 人、101 人及以上四个区间)、年龄(分为 2 年以下、3～4 年、5～6 年、7～8 年)作为控制变量。依据 Laursen 和 Salter(2010)的观点,将成员企业主要业务所属产业类型作为控制变量,并转化为虚拟变量进行统计分析(对于制药、新材料、电子信息、互联网、机械制造业等高技术水平产业赋值为 1,对于纺织、皮革、五金、生活耗材等低技术水平产业赋值为 0)。

针对量表的内容,笔者征求了小米、海尔、华为、美的专门从事企业创新生态系统管理工作的人员的意见(每家公司访谈 2 人);同时,从每个企业创新生态系统中选取 2 个成员企业,对其战略部门或市场部门的管理人员进行访谈(每个成员企业访谈 4 名管理人员),还对其用户进行了访谈(每个成员企业访谈 4 名用户);此外,还与战略管理领域 2 名教授、创新管理领域 2 名教授进行了交流。综合访谈结果,对生态型企业合法性的一个测量题项、分隔机制的两个测量题项、企业创新生态系统规制的一个测量题项、企业创新生态系统规范的两个测量题项、企业创新生态系统文化的两个测量题项进行了修正,此外,还删除了分隔机制的一个测量题项、企业创新生态系统文化的一个测量题项。在此基础上,充分考虑测量题项的整体布局和相关提示语的要求,生成初始问卷。

为了保证问卷质量,我们进行了预测试,共发放问卷 80 份,收回问卷 70 份,其中有效问卷 62 份,占比 88.571%。依据统计分析结果,我们删除了成员企业不愿创新的一个测量题项、成员企业不端行为的一个测量题项、企业创新生态系统规范的一个测量题项,对生态型企业合法性的一个测量题项、企业创新生态系统文化的一个测量题项以及问卷提示语、问卷布局进行了修正,生成正式问卷。

5.4.3 数据收集

2020 年 4 月至 5 月,我们完成了数据收集工作。我们的研究团队与小米、海尔、美的、华为已经建立了合作关系,我们与这些公司主管企业创新生态系统的部门取得联系,向这些部门的管理人员讲解研究意图、问卷内容及填答问卷的注意事项,请他们协助联系成员企业,由成员企业的相关人员填写分隔机制、企业创新生态系统治理机制的问卷;再请成员企业市场管理部门协助联系用户,请用户填写成员企业不愿创新、成员企业不端行为、生态型企业合法性的问卷,每个成员企业选择一名用户,由此形成配对数据。共发放问卷 389 份（一个配对数据对应一个问卷），收回问卷 326 份，有效问卷 275 份，有效率为 84.360%。

通过方差分析检验不同的企业创新生态系统对于各变量是否有显著影响，从而判断来自不同企业创新生态系统的数据能否有效合并，方差分析结果表明，各变量的 p 值均大于 0.100，因此，从四个企业创新生态系统采集的数据可以作为一个整体用于后续的统计分析。

以问卷发出后 30 天为界限，将 275 份有效问卷分成早期样本（211 份）和后期样本（64 份），通过独立样本 t 检验比较两组样本在企业规模、企业年龄、企业主要业务所属产业类型上是否存在差异，所有参数的 p 值都大于 0.100，可见本章不存在显著的无应答偏差。

遵循 Harman 单因子检验的思路，对样本数据进行未旋转的主成分分析，提取出了 7 个特征值大于 1 的因子，没有出现 1 个因子解释所有题项大部分方差的情况，可以认为 CMB 在本章中是不显著的（Podsakoff 和 Organ，2016）。为了进一步检验 CMB 是否显著，我们对 Harman 单因子模型进行验证性因子分析，主要拟合度指标为：$\frac{\chi^2}{df}$，GFI = 0.541，AGFI = 0.505，NFI = 0.460，CFI = 0.505，RMSEA = 0.091，可见，该模型与数据的匹配性很差，是不可接受的。随后，我们对测量模型进行 CFA，主要拟合度指标为：$\frac{\chi^2}{df}$，GFI = 0.905，AGFI = 0.930，NFI = 0.953，CFI = 0.916，RMSEA = 0.045，这一结果显然要比上一模型好得多，进一步表明在本章中 CMB 是不显著的。

5.5　分析与结果

5.5.1　样本概况

共收集有效问卷 275 份，描述性统计见表 5-1。

表 5-1　样本描述性统计（$N=275$）

	特征	样本数量（个）	比例（%）
成员企业规模	20 人及以下	45	17.680
	21～50 人	185	65.746
	51～100 人	31	9.944
	101 人及以上	14	6.630
成员企业年龄	2 年及以下	64	29.282
	3～4 年	177	45.304
	5～6 年	30	17.127
	7～8 年	4	8.287
成员企业所属产业类型	高技术产业	216	69.613
	低技术产业	59	30.397
成员企业所属企业创新生态系统	小米企业创新生态系统	81	29.282
	海尔企业创新生态系统	70	25.414
	美的企业创新生态系统	59	21.547
	华为企业创新生态系统	65	23.757

表 5-2 报告了各变量的均值、标准差和 Pearson 相关系数，绝大部分 Pearson 相关系数在 0.010 水平上显著，个别 Pearson 相关系数在 0.050 或 0.100 水平上显著。

表 5-2　变量的均值、标准差和 Pearson 相关系数

	成员企业不愿创新	成员企业不端行为	生态型企业合法性	分隔机制	企业创新生态系统规制	企业创新生态系统规范	企业创新生态系统文化
成员企业不愿创新	1.000						
成员企业不端行为	0.289**	1.000					

	成员企业不愿创新	成员企业不端行为	生态型企业合法性	分隔机制	企业创新生态系统规制	企业创新生态系统规范	企业创新生态系统文化
生态型企业合法性	−0.351**	−0.405**	1.000				
分隔机制	−0.229**	−0.282**	0.157*	1.000			
企业创新生态系统规制	−0.315**	−0.270**	0.256**	0.099†	1.000		
企业创新生态系统规范	−0.291**	−0.333**	0.268**	0.107*	0.198*	1.000	
企业创新生态系统文化	−0.300**	−0.301**	0.264**	0.115*	0.172*	0.212**	1.000
均值	3.131	3.007	4.165	5.101	5.155	5.124	4.895
标准差	0.729	0.625	0.697	0.902	0.844	0.735	0.723

注:Pearson 相关系数采用双尾检验,** 为 $p<0.010$,* 为 $p<0.050$,† 为 $p<0.100$

5.5.2　信度检验

首先,对成员企业不愿创新、成员企业不端行为、生态型企业合法性进行探索性因子分析,通过主成分分析法和最大方差旋转法提取因子,按照特征值大于 1 的方式决定因子的个数。如表 5-3 所示,抽取出了三个特征值大于 1 的因子,分别对应这三个变量,累积解释总方差比例为 62.875%,测量题项在所属因子上的载荷均不低于 0.611,无测量题项跨因子现象。所有变量的 Cronbach'α 系数均不低于 0.729,所有题项的校正的项总相关系数均不低于 0.504。因此,这三个变量可以通过信度检验。

表 5-3 对成员企业不愿创新、成员企业不端行为、生态型企业合法性进行 EFA 的结果

测量题项	因子载荷			CITC	Cronbach'α 系数
	成员企业不愿创新	成员企业不端行为	生态型企业合法性		
I1：这家成员企业很少开展创新活动	**0.645**	0.148	0.186	0.506	
I2：这家成员企业在创新活动中投入的资源非常有限	**0.613**	0.113	0.161	0.531	0.729
I3：这家成员企业很少与外部伙伴进行创新合作	**0.635**	0.152	0.235	0.605	
B1：据我所知，这家成员企业的产品/服务涉嫌或存在质量问题	0.125	**0.736**	0.118	0.636	
B2：据我所知，这家成员企业的产品/服务涉嫌或存在仿冒问题	0.174	**0.611**	0.135	0.614	0.758
B3：据我所知，这家成员企业的产品/服务涉嫌或存在夸大宣传问题	0.152	**0.685**	0.084	0.552	
L1：我高度评价这家成员企业所依托的生态型企业提供的产品/服务	0.085	0.104	**0.616**	0.638	
L2：我高度评价这家成员企业所依托的生态型企业展现出的营商行为	0.133	0.145	**0.644**	0.504	0.749
L3：我很尊重这家成员企业所依托的生态型企业	0.125	0.141	**0.728**	0.602	
特征值	3.108	2.504	1.972		
累积解释总方差（%）	62.875				

随后，对分隔机制、企业创新生态系统规制、企业创新生态系统规范、企业创新生态系统文化进行 EFA，通过主成分分析法和最大方差旋转法提取因子，按照特征值大于 1 的方式决定因子的个数。如表 5-4 所示，抽取出了 4 个特征值大于 1 的因子，分别对应这 4 个变量，累积解释总方差比例为

64.748％,测量题项在所属因子上的载荷均不低于 0.682,无测量题项跨因子现象。所有变量的 Cronbach'α 系数均不低于 0.741,所有题项的 CITC 均不低于 0.725。因此,这 4 个变量可以通过信度检验。

表 5-4　对分隔机制、企业创新生态系统规制、企业创新生态系统规范、
企业创新生态系统文化进行 EFA 的结果

测量题项	因子载荷				CITC	Cronbach'α 系数
	分隔机制	企业创新生态系统规制	企业创新生态系统规范	企业创新生态系统文化		
P1:当我们的观点或行为与生态型企业的期望不符时,他会公开发表声明表达自身的价值主张	**0.715**	0.126	0.118	0.138	0.793	0.746
P2:当我们的观点或行为与生态型企业的期望不符时,他会减少与我们在业务上的合作	**0.723**	0.137	0.125	0.127	0.764	
P3:当我们的观点或行为与生态型企业的期望不符时,他会减少与我们共同制定目标	**0.682**	0.233	0.127	0.224	0.764	
R1:我们所在的企业创新生态系统形成了大家公认的管理制度	0.208	**0.724**	0.273	0.137	0.817	0.741
R2:我们所在的企业创新生态系统形成了大家公认的奖惩条例	0.132	**0.775**	0.226	0.103	0.793	
R3:我们所在的企业创新生态系统形成了大家公认的合同条款	0.156	**0.744**	0.137	0.202	0.799	

续表

测量题项	因子载荷				CITC	Cronbach'α 系数
	分隔机制	企业创新生态系统规制	企业创新生态系统规范	企业创新生态系统文化		
N1：我们所在的企业创新生态系统形成了大家公认的道德准则	0.153	0.162	**0.709**	0.153	0.755	0.755
N2：我们所在的企业创新生态系统形成了大家公认的诚信规范	0.095	0.127	**0.715**	0.157	0.736	
N3：我们所在的企业创新生态系统形成了大家公认的声誉机制	0.172	0.166	**0.714**	0.086	0.729	
C1：我们所在的企业创新生态系统形成了大家公认的使命	0.145	0.163	0.127	**0.717**	0.745	0.769
C2：我们所在的企业创新生态系统形成了大家公认的愿景	0.157	0.126	0.193	**0.716**	0.734	
C3：我们所在的企业创新生态系统形成了大家公认的价值观	0.238	0.184	0.175	**0.725**	0.725	
特征值	0.355	2.764	2.035	1.983		
累积解释总方差（%）	64.748					

5.5.3 效度检验

在收集数据之前，内容效度由现有文献、对相关人员访谈和预测试来保证。利用 CFA 检验各变量的聚合效度，成员企业不愿创新、成员企业不端行为、生态型企业合法性、分隔机制、企业创新生态系统规制、企业创新生态系统规范、企业创新生态系统文化组成的一阶 CFA 模型的拟合指标为：$\frac{\chi^2}{df}$，RMSEA＝0.045，GFI＝0.906，CFI＝0.924，NFI＝0.942，AGFI＝0.927，表明这个模型可以接受。标准化因子载荷均不低于 0.556，平均方差抽取量均不低于 0.509，可以通过聚合效度检验。如表 5-5 所示，各变量 AVE 的平方根均大于它与其他变量的 Pearson 相关系数，可以通过区分效度检验。

表 5-5　变量 AVE 的平方根与变量之间 Pearson 相关系数的比较

	成员企业不愿创新	成员企业不端行为	生态型企业合法性	分隔机制	企业创新生态系统规制	企业创新生态系统规范	企业创新生态系统文化
成员企业不愿创新	0.719						
成员企业不端行为	0.289**	0.728					
生态型企业合法性	−0.351**	−0.405**	0.713				
分隔机制	−0.229**	−0.282**	0.157*	0.724			
企业创新生态系统规制	−0.315**	−0.270**	0.256**	0.099†	0.725		
企业创新生态系统规范	−0.291**	−0.333**	0.268**	0.107*	0.198*	0.731	
企业创新生态系统文化	−0.300**	−0.301**	0.264**	0.115*	0.172*	0.212**	0.721

注：对角线上的数值为变量 AVE 的平方根，对角线下面的数值为变量之间的 Pearson 相关系数；** 为 $p<0.010$，* 为 $p<0.050$，† 为 $p<0.100$

5.5.4　假设检验

（1）检验调节效应

通过三阶段层级回归（three-stage hierarchical regression）检验关于分隔机制所起调节效应的假设。如表 5-6 所示，模型 1、模型 2 和模型 3 均以生态型企业合法性为因变量，三个模型的 F 值均显著。与前一个模型相比，后一

表 5-6　回归分析结果

变量	生态型企业合法性		
	模型 1	模型 2	模型 3
控制变量			
成员企业规模	0.055	−0.010	0.007
成员企业年龄	0.093*	−0.026	0.015
成员企业所属产业类型	0.030	−0.007	0.004
自变量			
成员企业不愿创新		−0.306**	−0.144
成员企业不端行为		−0.395**	−0.131
调节变量			
分隔机制			0.094
交互项			
成员企业不愿创新×分隔机制			−0.110*
成员企业不端行为×分隔机制			−0.105*
统计参数			
F	3.721**	85.637***	92.354**
调整的 R^2	0.011	0.515	0.615
△ 调整的 R^2		0.504	0.100

注：*** 为 $p<0.001$，** 为 $p<0.010$，* 为 $p<0.050$

个模型的调整的 R^2 有所增加，说明后一个模型比前一个模型更具解释力。

模型 1 选取成员企业规模、成员企业年龄、成员企业所属产业类型为控制变量，结果表明：成员企业年龄对生态型企业合法性有正向影响（$\beta=0.093,p<0.050$）；模型 2 在模型 1 的基础上引入了成员企业不愿创新、成员企业不端行为作为自变量，结果表明：成员企业不愿创新（$\beta=-0.306,p<0.010$）、成员企业不端行为（$\beta=-0.395,p<0.010$）对生态型企业合法性均有显著的负向影响；模型 3 在模型 2 的基础上引入了一个调节变量"分隔机制"和两个经过中心化处理的交互项"成员企业不愿创新×分隔机制"和"成员企业不端行为×分隔机制"，结果表明：成员企业不愿创新与分隔机制的交互（$\beta=-0.110,p<0.050$）对生态型企业合法性有显著的负向影响，假设 1

获得支持,成员企业不端行为与分隔机制的交互($\beta=-0.105$,$p<0.050$)对生态型企业合法性有显著的负向影响,假设 2 获得支持。

(2)检验中介效应

采用 Monte Carlo Simulation Procedure 检验关于成员企业不愿创新或成员企业不端行为中介效应的假设,该方法能够克服间接效应取样分布的非对称特征等问题(Preacher 等,2010)。在控制了成员企业规模、年龄、所属产业类型之后,采用 Mplus 软件进行统计分析(2000 次重复抽样),分析结果见表 5-7。

表 5-7　采用 Monte Carlo Simulation Procedure 进行中介效应分析的结果

相关假设	因果链	间接效应值	标准差	95%置信区间
H3-1	企业创新生态系统规制→成员企业不愿创新→生态型企业合法性	0.133*	0.025	[0.083,0.205]
H3-2	企业创新生态系统规范→成员企业不愿创新→生态型企业合法性	0.101*	0.055	[0.021,0.231]
H3-3	企业创新生态系统文化→成员企业不愿创新→生态型企业合法性	0.083*	0.031	[0.013,0.137]
H4-1	企业创新生态系统规制→成员企业不端行为→生态型企业合法性	0.121*	0.049	[0.073,0.235]
H4-2	企业创新生态系统规范→成员企业不端行为→生态型企业合法性	0.105*	0.063	[0.026,0.213]
H4-3	企业创新生态系统文化→成员企业不端行为→生态型企业合法性	0.083*	0.040	[0.014,0.137]

注:* 为 $p<0.050$

如表 5-7 所示:

①与假设 3-1 对应的因果链间接效应值为 0.133(标准差 $=0.025$,$p<0.050$),95%水平下的置信区间为[0.083,0.205],不包含 0,因此,假设 3-1 获得支持。

②与假设 3-2 对应的因果链间接效应值为 0.101(标准差 $=0.055$,$p<0.050$),95%水平下的置信区间为[0.021,0.231],不包含 0,因此,假设 3-2

获得支持。

③与假设 3-3 对应的因果链间接效应值为 0.083（标准差＝0.031，$p<$ 0.050），95％水平下的置信区间为[0.013,0.137]，不包含 0，因此，假设 3-3 获得支持。

④与假设 4-1 对应的因果链间接效应值为 0.121（标准差＝0.049，$p<$ 0.050），95％水平下的置信区间为[0.073,0.235]，不包含 0，因此，假设 4-1 获得支持。

⑤与假设 4-2 对应的因果链间接效应值为 0.105（标准差＝0.063，$p<$ 0.050），95％水平下的置信区间为[0.026,0.213]，不包含 0，因此，假设 4-2 获得支持。

⑥与假设 4-3 对应的因果链间接效应值为 0.083（标准差＝0.040，$p<$ 0.050），95％水平下的置信区间为[0.014,0.137]，不包含 0，因此，假设 4-3 获得支持。

（3）检验被调节的中介效应

以正负一个标准差为区间，将分隔机制分为三个水平。依据 Monte Carlo Simulation Procedure（Preacher 等,2010），在控制了成员企业规模、年龄、所属产业类型之后，采用 Mplus 软件进行统计分析（2000 次重复抽样），由此验证企业创新生态系统的三种治理机制经由成员企业不愿创新或成员企业不端行为对生态型企业合法性产生的间接效应，是否被分隔机制所调节。分析结果见表 5-8。

表 5-8　分隔机制处于不同水平时采用 Monte Carlo Simulation Procedure
进行中介效应分析的结果

相关假设	因果链	分隔机制	间接效应值	标准差	95％置信区间
H5-1	企业创新生态系统规制→成员企业不愿创新→生态型企业合法性	低	0.065	0.025	[0.050,0.177]
		中	0.133*	0.027	[0.085,0.205]
		高	0.157*	0.035	[0.097,0.272]
H5-2	企业创新生态系统规范→成员企业不愿创新→生态型企业合法性	低	0.055	0.042	[0.015,0.187]
		中	0.103*	0.055	[0.021,0.235]
		高	0.141*	0.032	[0.069,0.296]

相关假设	因果链	分隔机制	间接效应值	标准差	95%置信区间
H5-3	企业创新生态系统文化→成员企业不愿创新→生态型企业合法性	低	0.080*	0.024	[0.011,0.127]
		中	0.084*	0.037	[0.013,0.135]
		高	0.095*	0.014	[0.022,0.154]
H6-1	企业创新生态系统规制→成员企业不端行为→生态型企业合法性	低	0.071	0.024	[0.014,0.199]
		中	0.127*	0.045	[0.074,0.235]
		高	0.180**	0.070	[0.114,0.289]
H6-2	企业创新生态系统规范→成员企业不端行为→生态型企业合法性	低	0.073	0.054	[0.023,0.179]
		中	0.107	0.063	[0.025,0.214]
		高	0.125*	0.043	[0.064,0.273]
H6-3	企业创新生态系统文化→成员企业不端行为→生态型企业合法性	低	0.074*	0.055	[0.012,0.123]
		中	0.079*	0.043	[0.020,0.137]
		高	0.092*	0.040	[0.021,0.143]

注:** 为 $p<0.010$,* 为 $p<0.050$;分隔机制的低、中、高三个取值分别为 -1 个标准差、均值和 1 个标准差

如表 5-8 所示:

①当分隔机制处于低水平和高水平时,企业创新生态系统规制经由成员企业不愿创新对生态型企业合法性的间接效应分别为 0.065(标准差 $=0.025$,$p>0.100$,95%置信区间为 [0.050,0.177])和 0.157(标准差 $=0.035$,$p<0.050$,95%置信区间为 [0.097,0.272]),可见,分隔机制所处水平越高,企业创新生态系统规制经由成员企业不愿创新对生态型企业合法性的间接效应越强,因此,假设 5-1 获得支持。

②当分隔机制处于低水平和高水平时,企业创新生态系统规范经由成员企业不愿创新对生态型企业合法性的间接效应分别为 0.055(标准差 $=0.042$,$p>0.100$,95%置信区间为 [0.015,0.187])和 0.141(标准差 $=0.032$,$p<0.050$,95%置信区间为 [0.069,0.296]),可见,分隔机制所处水平越高,企业创新生态系统规范经由成员企业不愿创新对生态型企业合法性的间接效应越强,因此,假设 5-2 获得支持。

③当分隔机制处于低水平和高水平时,企业创新生态系统文化经由成员

企业不愿创新对生态型企业合法性的间接效应分别为 0.080（标准差＝0.024，$p < 0.050$，95％置信区间为[0.011,0.127]）和 0.095（标准差＝0.014，$p < 0.050$，95％置信区间为[0.022,0.154]），可见，分隔机制处于不同水平时，企业创新生态系统文化经由成员企业不愿创新对生态型企业合法性的间接效应没有显著差异，因此，假设 5-3 未获得支持。

④当分隔机制处于低水平和高水平时，企业创新生态系统规制经由成员企业不端行为对生态型企业合法性的间接效应分别为 0.071（标准差＝0.024，$p > 0.100$，95％置信区间为[0.014,0.199]）和 0.180（标准差＝0.070，$p < 0.010$，95％置信区间为[0.114,0.289]），可见，分隔机制所处水平越高，企业创新生态系统规制经由成员企业不端行为对生态型企业合法性的间接效应越强，因此，假设 6-1 获得支持。

⑤当分隔机制处于低水平和高水平时，企业创新生态系统规范经由成员企业不端行为对生态型企业合法性的间接效应分别为 0.073（标准差＝0.054，$p > 0.100$，95％置信区间为[0.023,0.179]）和 0.125（标准差＝0.043，$p < 0.050$，95％置信区间为[0.064,0.273]），可见，分隔机制所处水平越高，企业创新生态系统规范经由成员企业不端行为对生态型企业合法性的间接效应越强，因此，假设 6-2 获得支持。

⑥当分隔机制处于低水平和高水平时，企业创新生态系统文化经由成员企业不端行为对生态型企业合法性的间接效应分别为 0.074（标准差＝0.055，$p < 0.050$，95％置信区间为[0.012,0.123]）和 0.092（标准差＝0.040，$p < 0.050$，95％置信区间为[0.021,0.143]），分隔机制处于不同水平时，企业创新生态系统文化经由成员企业不端行为对生态型企业合法性的间接效应没有显著差异，因此，假设 6-3 未获得支持。

（4）对未获得支持的假设进行解释

假设 5-3 和假设 6-3 未获得支持，我们做出如下解释。

成员企业进入企业创新生态系统后，为了克服新入者劣势、突破合法性阈值、提升存活率，必须尽快获取合法性。成员企业可以通过两种思路实现此目标：思路一，设法与生态型企业建立关联，通过生态型企业的合法性溢出获取合法性；思路二，采用遵从的方式，对企业创新生态系统的制度安排加以服从，通过制度同构获得合法性。当分隔机制充分发挥作用时，成员企业与生态型企业之间的认知相关性被弱化，这就给成员企业通过思路一获取合法性带来了困难，这种背景下，他们会重点考虑思路二。

本章将企业创新生态系统的制度界定为规制、规范和文化,相比较而言,以政策指令、非正式制度规范为具体表现形式的企业创新生态系统规制、规范,比那些以共同理解和认知框架为表现形式的企业创新生态系统文化,更容易被成员企业感知和察觉,因此,成员企业会更多地选择与企业创新生态系统规制、规范进行制度同构,从而主动抑制自身低水平的创新意愿、约束自身不端的行为,由此来证明自身的行为、结构以及惯例与企业创新生态系统的规制、规范相一致,获得观众的认可和支持。在此过程中,由于成员企业低水平创新意愿和不端行为发生机率的下降,生态型企业的合法性也就得到了更加有效的保护。与之形成对照的是,成员企业并不会重点选择与企业创新生态系统文化进行制度同构,那么,企业创新生态系统文化通过抑制成员企业低水平创新意愿、约束成员企业不端行为,进而对生态型企业合法性所产生的保护作用,也不会显著增强。

研究结果意味着:就生态型企业合法性保护来说,分隔机制与企业创新生态系统治理机制是相互补充的,生态型企业尤其应该注意企业创新生态系统规制或规范与分隔机制的组合使用,从而达成单一机制难以实现的合法性保护效果。

5.6　结论与讨论

5.6.1　研究结论

本章重点探讨了:"生态型企业的合法性保护机制是什么?这些保护机制发挥作用的机理如何?"主要得出如下结论。

第一,生态型企业可以通过整合被动应急型的分隔机制与主动长效型的企业创新生态系统治理机制,构建生态型企业合法性的双层保护机制,从而破解生态型企业合法性溢出的"阴暗面"。

第二,分隔机制通过缓解成员企业不愿创新与不端行为对生态型企业合法性的负面影响,来保护生态型企业的合法性。

第三,企业创新生态系统规制、规范、文化可以通过抑制成员企业不愿创新或不端行为,来保护生态型企业的合法性。

第四,企业创新生态系统规制和规范对生态型企业合法性的间接作用,被分隔机制正向调节,即本章所构建的研究模型是一个被调节的中介效应模型(见图 5-1)。

5.6.2 理论贡献

从总体上看,本章可以作出如下三点理论贡献。

第一,本章综合文献梳理与实地调研结果,将生态型企业的合法性遭到成员企业破坏的原因归咎为两个:其一,成员企业与生态型企业存在认知相关,为用户依据成员企业的合法性评价生态型企业的合法性创造了条件;其二,成员企业低水平的创新意愿或者不端行为,导致用户依据成员企业的合法性对生态型企业的合法性做出负面评价。针对这两个原因,本章依据新制度理论视角下解耦(Meyer 和 Rowan,1977)与组织场域(DiMaggio 和 Powell,1983)的观点,遵循被动与主动相结合、应急与长效相补充的思路,将分隔机制与企业创新生态系统治理机制纳入同一理论框架,提出了生态型企业合法性的双层保护机制,弥补了单独使用分隔机制(Haack 等,2014;Sinha 等,2015)或企业创新生态系统治理机制(Fauchart 和 Von Hippel,2008;Thornton 等,2012;Braunstein-Bercovitz 等,2014)保护生态型企业合法性时存在的局限,为我们破解生态型企业合法性溢出的"阴暗面"提供了更加完善的理论框架,丰富了组织合法性保护的理论积累。

第二,本章对分隔机制与企业创新生态系统治理机制进行了操作化定义和测度,在此基础上,分别揭示了分隔机制在成员企业不愿创新或不端行为与生态型企业合法性之间的负向调节效应,以及企业创新生态系统规制或规范通过约束成员企业不愿创新或不端行为对生态型企业合法性发挥的间接效应,不但厘清了分隔机制与企业创新生态系统治理机制的作用机理,而且阐明了分隔机制与企业创新生态系统治理机制在生态型企业合法性保护中分别作为"应急型"和"长效型"机制的本质属性。

第三,分隔机制和企业创新生态系统治理机制可以基于不同的理论逻辑对生态型企业合法性进行保护,那么,二者之间的关系如何?它们是相互补充,还是相互替代?现有文献对此关键问题并未给予重视,这直接关系到我们能否或者如何把两类机制整合入一个理论框架,从而对生态型企业合法性进行双重保护。本章发现,两类机制并非直接交互,而是企业创新生态系统治理机制通过抑制成员企业低水平创新意愿或不端行为对生态型企业合法性所发挥的间接效应,被分隔机制正向调节,也就是说,两类机制是互为补充的,而非相互替代的,这同时也意味着,本章所构建的研究模型是一个被调节的中介效应模型(见图 5-1)。这一结论不但验证了通过整合分隔机制与企业创新生态系统治理机制构建生态型企业合法性的双重保护体系在理论上是可行的,而且揭示了这一双重保护体系的内部机理。

5.6.3　局限性与未来研究展望

本章存在一定的局限性,这也为后续研究提供了机会。

首先,本章将企业创新生态系统治理机制分为规制、规范和文化三种,分别探讨了它们对于生态型合法性的作用效果,但对这三类治理机制之间是否存在交互效应并未加以探讨,后续研究可以解决此问题,从而对企业创新生态系统治理机制在生态型企业合法性保护中发挥的作用进行更加全面的把握。

其次,本章为截面研究,因此,我们还无法解释在企业创新生态系统的不同发展阶段中,分隔机制以及不同类型的治理机制如何发挥作用,它们之间是否存在匹配关系,在后续研究中,可以通过纵向案例研究进行探索。

再次,本章从如何约束成员企业的角度探讨了生态型企业的合法性保护问题,但是从另一个角度讲,生态型企业的重要职能是对成员企业进行赋能,事实上,约束与赋能并不是一个谱系的两端,而是时时刻刻都同时存在的一对管理悖论,通过何种方式才能巧妙地将其化解,值得后续探讨。

第6章 生态型企业合法性保护战略的案例研究

6.1 引 言

在小米公司的一次"米粉家宴"上,公司创始人雷军身着小米生态链企业生产的抓绒衣和米粉见面,本意是为这家企业推广和站台,聊到高兴处雷军把抓绒衣脱了,没想到他的衬衣上沾了一层红毛,雷军当时很尴尬,更为尴尬的是,每位米粉也穿着同样的抓绒衣,那时雷军强烈地感觉到了一种危机——如果再不对小米生态链企业加以管控,小米可能被它们毁于一旦(小米生态链谷仓学院,2017)。

事实上,小米的遭遇只是一个缩影,它代表了当下的一类共性问题,具体地讲:为了突破产业增长的天花板,充分响应市场的多元化需求,诸如小米这样的产品冠军开始尝试构建企业创新生态系统(本章将此类企业称为"生态型企业")(路江涌,2019)。生态型企业不再是单向价值链中的一环,而是整个企业创新生态系统的中枢,它们会为企业创新生态系统的参与者(后简称"成员企业")站台或背书,与其同生共赢(曹仰锋,2019)。然而,正是这种"兼济天下"的天然属性却导致生态型企业难以"独善其身",因为有些成员企业"背靠大树好乘凉",创新意愿低下,还有些成员企业为谋一己私利,不惜铤而走险(忻榕等,2020),由此产生的负面效应都会殃及生态型企业,严重影响它们在用户心中已经建立起来的信任或认可,最终导致其合法性遭到严重破坏(李雷,2019)。因此,如何破解生态型企业为了"兼济天下"难以"独善其身"的窘境,有效地保护生态型企业的合法性,已经成为一个急需解决的重要问题。

从组织间关系层面来看,生态型企业的合法性之所以遭到成员企业破坏,是因为二者之间存在认知相关(Kostova 和 Zaheer,1999),因此,有学者基于新制度理论视域下解耦的观点(Meyer 和 Rowan,1977)来解决此问题。解耦意味着组织间可以通过松散耦合的方式,降低彼此之间的影响(Misangyi,2016),在具体研究中学者们将其概念化为分隔机制,具体表现为发表声明、脱离关系、减少合作等措施,这些措施通过弱化外界对组织间相关性的认知,降低彼此之间可能传递的负面影响(Haack 等,2014;Sinha 等,2015;魏江和王诗翔,2017)。然而,分隔机制有其难以规避的短板:一方面,分隔机制是被动型的,在成员企业发生问题后才被生态型企业所采用,此时损失已难以挽回;另一方面,分隔机制仅作用于生态型企业与成员企业的关系层面,并未从源头上抑制成员企业的不端行为、提升它们的创新意愿。

本章尝试弥补上述局限,基本思路是针对分隔机制的两个短板"对症下药",一是变"消极被动"为"积极主动",二是变"关系分隔"为"源头控制"。新制度理论视域下组织场域治理的观点可以为这一思路的实施提供理论基础(Scott,2008)。所谓组织场域,是指包括关键的供应商、原料与产品购买商、规制机构以及其他提供类似服务与产品的组织等聚合在一起,所构成的一种被认可的制度生活领域(DiMaggio 和 Powell,1983)。在社会与社区变迁研究中,组织场域已经成为联系组织层次与社会层次的重要分析单元,不仅限于相互竞争的组织形成的互动网络,还包括与"焦点组织"相关的"行动者"。把这些观点置于本章的研究背景,意味着将生态型企业这一"焦点组织"与其相关的"行动者"(即成员企业)组成的企业创新生态系统视为一个组织场域,通过打造企业创新生态系统治理机制,形成制度压力,进而主动地、从根源上控制成员企业的意愿或行为,在理论上是可行的(Scott,2008)。

综观现有文献,学者们对于企业创新生态系统治理机制内涵与特征的刻画已经比较清晰,但是对于它们从何而来,以及它们在生态型企业合法性保护中发挥的作用还缺乏系统研究。更为重要的是,企业创新生态系统治理机制的打造不是一蹴而就的,需要经历一个过程,十分有必要立足纵向的视角提炼上述各因素的演化规律,此问题尚未得到重视。为此,本章拟采用纵向嵌套式案例研究法探讨"企业创新生态系统治理机制从何而来,及其在生态型企业合法性保护中如何发挥作用",核心贡献在于立足组织场域层面为生态型企业合法性进行保护提供了新的解释逻辑,使生态型企业合法性保护的思路由"消极被动的关系分隔"转变为"积极主动的源头控制"，弥补了隶属于组织间关系层面的分隔机制的局限性。从实践角度来看，本章可以为生态型企业沿着制度化路径破解合法性保护难题提供一套动态的解决方案。

6.2 理论基础

6.2.1 生态型企业合法性及其破坏因素

组织合法性是"在某一包含规范、价值观、信仰和定义的社会建构系统中，对一个实体的行为是令人满意的、合适的或恰当的一种普遍性感知或假设"（Suchman，1995）。也就是说，组织合法性是由外部行动者对某实体的行为进行感知后做出的主观判断，这些做出判断的外部行动者被称为"观众"（Bitektine 和 Haack，2015）。

生态型企业是一种具体的组织形式，其合法性除了具备一般意义上的合法性特征之外，还有其固有特征，具体地讲：生态型企业通常由传统产业的领导者转型而来，在转型之前，它们是产品冠军，深受用户的青睐，已经具有高水平的合法性（路江涌，2019）。由于生态型企业是企业创新生态系统的中枢，它拥有的合法性就成了成员企业所共享的"公共资源"（Haack 和 Scherer，2010），具体表现为生态型企业频繁地为成员企业站台或背书，帮助它们快速克服种种难题，这些帮助对于那些无法通过以往业绩证明自身合法性水平的新创成员企业而言，就显得弥足珍贵（杜运周和张玉利，2009）。

然而，公共资源往往比较脆弱，早在 1968 年，Hardin 就以自然资源为例在 *Science* 上提出了"公共资源的悲剧"，此观点昭示着那些由最多的人共享的公共资源，却只得到了最少的照顾，例如，空气、海洋等，这一问题源自每个个体都企求扩大自身可使用的资源，却将资源损耗的代价转嫁给外界。事实上，"公共资源的悲剧"在企业创新生态系统中正在上演——有些成员企业过度寻求背书，不愿创新，有些成员企业发生不端行为，如产品质量低下、侵犯知识产权等，由此付出的代价都将转嫁给生态型企业，严重破坏生态型企业已经建立起的合法性（李雷，2019）。

6.2.2　企业创新生态系统治理

企业创新生态系统可以被视为一种具体的组织场域(Scott,2008),组织场域治理的相关观点可以为我们研究企业创新生态系统治理提供基础,本节对二者依次进行述评。

为保证组织场域高效运转,已经有学者对组织场域治理展开研究,并将其解释为一些"安排,它通过共识所产生的机制,通过合法的等级制权威,或者通过非法的强制性手段,支持某一系列的行动者对另一系统的行动者进行常规的控制"(Scott 和 Davis,2007)。治理主体、治理对象和治理机制是组织场域治理的三大要素,学者们发现,治理主体在面对组织与环境的互动关系时,并非过度强调自上而下的制度化构成,以及由此引发的组织同构,还可能通过其自身或其与其他组织联合的集体行动,推动治理机制的构建,由此约束治理对象的意愿或行为(Peng 等,2009;魏江和李拓宇,2018)。可以说,治理机制是一个可塑性很强的要素,从本质上讲它是组织场域内的制度,通常被归纳为组织场域规制、组织场域规范和组织场域文化三类。随着治理机制的不断完善,组织场域中各行动者的结构与行动被不断塑造,组织场域的结构化程度逐渐升高(Scott 等,2000)。

企业创新生态系统是指在创新环境下,企业同时利用企业内外部创新资源,各创新主体间基于创意产生、研发到市场化创新全过程交互竞合而形成的创新系统(吕一博等,2015)。遵循组织场域治理的观点,现有文献将它的治理主体界定为生态型企业,将它的治理对象界定为成员企业,重点关注了三类治理机制:第一,企业创新生态系统规制,可以理解为生态型企业依托政府颁布的政策指令,通过互补惩罚、政策引导等行政手段,对成员企业进行干预的一类治理机制,其核心逻辑是成员企业对企业创新生态系统内正式制度安排的集体遵从(Braunstein-Bercovitz 等,2014;Latusek 和 Ratajczak,2014;Felin 和 Zenger,2014;吴绍波和顾新,2014)。第二,企业创新生态系统规范,可以理解为生态型企业依托企业创新生态系统内形成的非正式制度规范,对成员企业进行干预的一类平级化治理机制,其核心逻辑是成员企业对企业创新生态系统内自发形成的诚信规范、声誉和集体惩罚等非正式制度安排的集体遵从(Griffith 和 Tengnah,2005;Howells,2006;Provan 和 Kenis,2007;Von Hippel,2007;Fauchart 和 Von Hippel,2008;张运生和邹思明,2010;吴绍波和顾新,2014)。第三,企业创新生态系统文化,可以理解为生态型企业依托企业创新生态系统内长期以来形成的关于社会性质的共同理解以及建构意义的认知框架,对成员企业进行干预的一类治理机制,其核心逻辑是成员企业对各方都能接受的角色、角色关系以及惯例的集体遵从(吴绍波和顾新,2014)。

综观现有文献,学者们对于企业创新生态系统治理机制内涵与特征的刻画已经比较清晰,但是对于这些机制能否控制成员企业的意愿或行为,进而保护生态型企业合法性,还缺乏系统的探讨,尤其缺乏立足企业创新生态系统全生命周期的演化研究。此外,现有文献对企业创新生态系统治理机制从何而来尚缺乏解释,尤其是纵向解释,这就为我们从源头上动态地把握生态型企业合法性保护的制度化路径造成了障碍。本章将企业创新生态系统视为一种具体的组织场域,企业创新生态系统治理机制则是组织场域内的制度,基于这一逻辑,新制度理论视域下制度创业的相关观点将有助于我们解决企业创新生态系统治理机制从何而来的问题(Bhatt 等,2019)。

6.2.3 制度创业

制度创业主要用来解释制度从何而来,它是指制度创业者采用制度创业策略说服制度创业对象接受现有制度的变革或全新的制度,进而创造、开发和利用盈利机会的过程(DiMaggio,1988;Maguire 等,2004)。

制度创业者、制度创业对象和制度创业策略是制度创业的三大构成要素,其中,制度创业者是制度创业的推动者,既可能是政府、专业协会、非政府组织、企业,也可能是个人(Greenwood 等,2002)。制度创业对象是制度创业者游说的对象,他们是制度创业者的重要利益相关者,可能是组织,也可能是个人(Greenwood 等,2002)。制度创业策略是制度创业者所开展的一系列活动,这些活动有助于新制度的确立及扩散(Suddaby 和 Greenwood,2005),通常包括:第一,资源策略,是指制度创业者通过积极调动发起制度创业所需要的资源来换取制度创业对象的支持(Greenwood 和 Suddaby,2006)。第二,话语策略,是指制度创业者谨慎运用说服性语言,使制度创业对象觉察到变革性、主导性制度逻辑与制度变迁模式之间的一致性,进而使变革合法化(Ruebottom,2011)。第三,关系策略,是指制度创业者与该领域的其他成员合作,以协作、联盟、集体行动等方式推动制度创业(Pacheco 等,

2010)。第四,认知策略,是指拥有自我认可度与知名度的制度创业者通过发挥文化技能,对制度创业对象施加影响,使其价值观、信念与态度发生转变,从而认知、适应并接纳新制度,稳固新制度(项国鹏和阳恩松,2013)。

制度创业必须由某些因素驱动才能发生,制度创业动因可以被归为三类。第一,制度创业者特质,包括教育背景、经验、身份、社会资本、资源情况、地位等(Battilana 等,2009)。第二,制度矛盾,包括合法性与效率的矛盾、制度嵌入与适应性的矛盾、遵守一种制度逻辑与其他制度逻辑不兼容的矛盾、组织同形与组织不同层级中利益不均等的矛盾、监管对象与监管者资源不对称的矛盾(Seo 和 Creed,2002)。第三,外部压力,主要有三种,其中功能压力是指现行制度因其功能问题而导致绩效不佳时,行动主体就会感到功能压力,并会产生改善制度功能进而改善绩效的动机;政治压力是指源自于权力和利益分配格局变化,会驱使制度创业者产生改变现行制度的动机,以使制度与政治格局相匹配;社会压力源自于社会规范、预期的变化和社会冲突,会导致行动主体对现行制度的正当性提出质疑(Greenwood 和 Suddaby,2006)。

6.2.4　小结

本章拟动态地解释"企业创新生态系统治理机制从何而来,及其在生态型企业合法性保护中如何发挥作用"。通过梳理文献发现,制度创业的相关观点有助于我们解决企业创新生态系统治理机制从何而来的问题,成员企业不愿创新、不端行为被有效抑制是理想的治理结果。综合这些分析,我们初步勾勒出本章的逻辑脉络"制度创业→生态治理→治理结果",下文将沿着此脉络展开。

6.3　研究方法

6.3.1　方法选择

本章选择纵向嵌套式案例研究法,主要有两个原因:第一,由案例构建理

论的研究适合回答未开发领域中那些"如何"和"为什么"的问题（Eisenhardt
和 Graebner，2007），纵向案例研究尤其适用于研究那些新领域中纵贯发展
变化的全过程（Eisenhardt，1989），而本章恰恰期望从纵向的角度揭示"如何"
通过制度创业构建治理机制进而达成治理结果，以及"为什么"存在这样的制
度化路径，这一研究目标与纵向案例研究的特征非常匹配。第二，嵌套式案
例研究最大的优势是能够获取丰富、详实的信息，有助于对研究问题进行全
方位的剖析与考量（Eisenhardt，1989）。本章选择的案例是一个复杂嵌套的
企业创新生态系统，力求通过识别不同发展阶段中，生态型企业针对不同成
员企业所开展的治理工作，并识别对应的制度创业活动，形成类似准实验的
复制逻辑。这样有助于排除典型情境下非研究因素对于研究问题的干扰，得
出更加具有解释力的演化模型（李高勇和毛基业，2015；应瑛等，2018）。

6.3.2　案例选择

本章选择小米生态链为研究对象，主要原因是：作为手机行业的龙头，小
米公司于 2012 年开始打造自己的创新生态系统——小米生态链，期望通过
"投资＋孵化"的方式去复制 100 个"小小米"。但是，这些年来小米生态链企
业创新能力不足、产品质量一般、"抄袭门"等问题严重困扰着小米，对其合法
性产生了负面影响。这种背景下，小米开始考虑通过制度创业来打造小米生
态链治理机制，进而解决合法性保护问题，目前已经涌现出一系列成功案例。
在这些制度工作的推动下，小米已经成为最年轻的世界 500 强企业，小米生
态链治理模式也在业界独树一帜，受到了广泛认可。可以说，小米生态链中
涌现出的问题与本章关注的问题高度吻合，因此，选择小米生态链作为本章
的研究对象，既符合理论抽样的原则，又可以体现出启示性个案的特征
（Eisenhardt，1989）。

6.3.3　数据采集与分析

小米在 2012 年 2 月投资了第一家生态链企业——紫米科技，标志着小
米生态链破土而出，本章将 2012 年 2 月界定为数据采集的起点。通过三种
渠道采集数据，以期实现"三角验证"（Eisenhardt，1989）：渠道一，通过搜集关
于小米生态链的新闻报道、研究报告、学术论文、硕博论文、书籍等，获取二手

资料,其中小米官方出版的书籍《小米生态链战地笔记》和小米内部刊物《饭米粒》是两个非常重要的二手资料。渠道二,通过深度访谈收集一手资料,包括 15 次面对面正式访谈(正式访谈提纲见表 6-1),访谈对象包括小米公司中负责生态链管理的人员、小米公司中负责客户关系管理的人员、3 家小米生态链企业(智米科技、九号机器人、须眉科技)的负责人、10 位小米公司或小米生态链企业的用户。我们还借助微信、QQ、电话对上述人员进行了 30 余次追踪性的非正式访谈,目的在于对正式访谈数据形成有效补充。渠道三,通过参加各类会议、讲座、沙龙、论坛等,搜集相关资料。

表 6-1　正式访谈提纲

访谈焦点	访谈问题
小米公司的合法性水平及其破坏因素	①自 2012 年以来,用户对小米公司的信任或认可程度如何?大致可以分为几个阶段?各阶段划分的时间节点是什么? ②小米生态链企业是否会影响用户对小米公司的信任或认可程度?具体体现在哪些方面?有哪些具体的例子? ③如何才能避免小米生态链企业给小米公司带来负面影响?有哪些具体手段?
小米生态链治理	①小米公司是否依据政府颁布的政策指令,制定了相应的激励、惩罚措施,以此来控制生态链企业的行为?如果是,生态链企业对于这些措施的遵从程度如何?这些措施能否有效抑制生态链企业的不良意愿或行为? ②小米生态链中是否形成了诚信规范或声誉规范?如果是,生态链企业对于这些规范的遵从程度如何?这些规范能否有效抑制生态链企业的不良意愿或行为? ③小米生态链中是否形成了特有的文化?如果是,你认为这些文化因素能否引导生态链企业对自身清晰定位,认清自己与其他企业的关系?此外,这些文化因素对于生态链企业的不良意愿或行为是否有约束作用?
小米生态链中的制度创业	①小米公司通过哪些方法或手段,在生态链中制定出了激励、惩罚措施?为什么要这么做? ②小米公司通过哪些方法或手段,引导生态链中自发形成诚信规范或声誉规范?为什么要这么做? ③小米公司通过哪些方法或手段,推动生态链文化的形成?为什么要这么做?

我们通过三个步骤进行数据分析（Eisenhardt,1989）。

第一步,对小米生态链的演化史进行梳理,紧密围绕与小米生态链治理相关的关键事件,遵循共演文献的研究思路（Child 和 Rodrigues,2005）,将小米生态链分成三个发展阶段:第一阶段为 2012—2015 年,因为 2012 年 2 月第一家小米生态链企业紫米科技诞生,2015 年 3 月小米生态链企业小蚁科技生产的小蚁运动相机发生严重质量问题,使小米陷入舆论漩涡,承受了重重社会压力,生态链治理势在必行。第二阶段为 2016 年,因为 2016 年小米推出了专门用于测评生态链产品的内测系统和内测流程,同时还发布了专门用于承载生态链产品的"米家"品牌及对应的电商平台,但本年度中小米生态链企业纯米科技生产的米家压力 IH 电饭煲遭受网友和媒体的强烈质疑,意味着生态链治理机制的制度功能有限,需要进一步完善。第三阶段为 2017年至今,因为 2017 年 8 月,小米提出要做"科技界的无印良品",基于"新零售""新国货"等理念开启了生态链治理的新阶段。

第二步,基于第一步中划分的阶段,把搜集到的数据按照不同阶段进行汇总,初步形成证据链。

第三步,通过案例和理论之间的不断比较,找出相似的构念及不同的证据之间的联系,运用图表形式进行辅助,反复进行提炼,直到数据与理论模型达成牢固匹配,实现理论饱和。

6.4 案例分析

本章以小米针对不同生态链企业开展的治理工作以及对应的制度创业活动为分析单元,通过三个阶段来探讨小米公司如何实现合法性保护,主要通过陈述案例故事的方式来归纳案例证据与理论模型之间的关系（Dieleman 和 Sachs,2008）。

6.4.1 第一阶段(2012—2015 年):生态型企业特质驱动首次制度创业与场域文化治理

小米公司创始人雷军是一个不断追求自我超越、具有超级梦想的企业家,他发现了智能硬件和物联网（internet of things,IoT）会成为继移动互联网之后的大方向,并且洞察到了 IoT 蕴含着巨大利益,在这一阶段可能会产生千亿、万亿级公司。与此同时,小米的主营业务手机在这一时期受到 OPPO、vivo 等品牌的冲击,市场份额被抢占,手机单品的竞争压力急速增大,小米急需通过打造生态链来拓宽产品系列。因此,2012 年雷军就开始思考如何布局小米生态链,从 2013 年下半年开始,雷军让小米公司联合创始人刘德带领投资团队疯狂地到市场上网罗优秀的成员企业,让他们加入小米生态链。

如表 6-2 所示,针对这一阶段我们选取了三个单元案例,单元案例一标志着小米生态链的产品正式投入市场,单元案例二描述了小米生态链企业涉嫌的负面事件(至今没有定论),单元案例三则是小米生态链企业真实发生的负面事件。

表 6-2　第一阶段的单元案例

序号	时间	单元案例概述
单元案例一	2013 年 12 月	小米生态链企业紫米科技推出移动电源。
单元案例二	2014 年 12 月	小米生态链企业智米科技生产的空气净化器涉嫌抄袭日本品牌巴慕达。
单元案例三	2015 年 3 月	小米生态链企业小蚁科技生产的运动相机存在质量问题遭到投诉。

(1)单元案例一:紫米科技推出移动电源

小米生态链投资团队在市场上扫描优秀成员企业,他们关注的第一个投资圈就是手机周边。那时移动电源市场已经存在很多产品,但质量良莠不齐,小品牌杂乱生长,性能差且存在安全隐患,小米生态链投资团队认为这个产品品类存在很多痛点可以改造。特别是了解到全球很多主流个人电脑厂商正在萎缩,剩余的大量电芯可以为移动电源提供丰富的原材料之后,雷军与刘德一拍即合,决定请"老熟人"张锋来做移动电源。张锋是原英华达公司的总经理,和雷军相识多年,在 2011 年小米还名不见经传的时候,没有一家大的手机制造商敢接小米手机的订单,时任英华达南京总经理的张锋第一个答应生产小米手机。由于有着这份交情,事情进展得出乎意料的顺利,雷军、刘德、张锋三人深聊了一夜,没过多久,小米生态链的第一家公司——紫米科技就诞生了。随后小米为紫米科技全方位赋能,采用只投资不控股的方式,从零开始,帮助紫米科技定义产品、设计产品、背书供应链,同时授权紫米科技使用小米品牌、小米销售渠道。2013 年 12 月 10 日，紫米科技正式发布产品，售价仅 49 元，两个月后销量跃居全球第一。

从该单元案例可以看出，小米生态链创建初期，投资团队发现移动电源市场是一个蚂蚁市场，存在着巨大的利益空间，并且抓住当时个人电脑厂商萎缩，有大量电芯剩余这个商业信号，于是迅速决定做移动电源。首先，小米采用关系策略，请"老熟人"张锋出山，一方面是找"老熟人"合作可以大大降低搜寻成本和搜寻时间，避免丧失市场机会，更为重要的是"老熟人"容易对小米的文化产生认同，这种认同感可以引导"老熟人"与小米同频共振，进而主动地约束自身的意愿和行为，这就降低了小米与其合作过程中反受其害的风险。其次，小米采用资源策略，依托自身已经积累起来的丰富资源，为紫米科技提供良好的品牌支持、稳定的供应链资源、多种销售渠道、活跃的粉丝、投融资支持、团队支持、设计支持、方法论支持等，但是小米生态链管理团队曾经说道："紫米科技之所以成功，最根本的原因是它充分地吸收了小米的文化，只有这样，小米输出的其他资源才能发挥作用，才能使小米的基因在它身上得到很好的繁衍。"

单元案例一表明，基于文化的治理是小米生态链发展初期的核心治理机制，但是我们也可以看出，这种治理机制并非是小米立足生态链的角度"设计生成"的，而是小米在给生态链企业共享资源过程中"自然涌现"的，从根本上讲，它体现了小米公司创始人雷军对于产品、企业、生态链甚至整个 IoT 时代的理解，它的根本驱动力在于雷军不断追求自我超越的企业家特质。

（2）单元案例二：智米科技涉嫌产品抄袭

空气净化器属于新兴家电品类，2014 年前后出现了空气净化器市场阶段性高点。小米生态链投资团队快速抓住市场需求信号，找到了"老熟人"——北方工业大学设计系教授苏峻，成立生态链企业智米科技，开始研发和销售空气净化器。小米对智米科技的孵化手段与单元案例一中用于紫米科技的孵化手段如出一辙，小米深度参与智米科技的产品定义和设计环节，把控整体的流程，并让智米科技使用小米品牌和小米的线上线下渠道，在此过程中，注重将小米的文化灌输至智米科技之中。在小米的帮助下，智米科技生产的空气净化器于 2014 年 12 月 9 日推向市场，售价 899 元，这对于当时在售空气净化器几乎没有 2000 元以下的产品市场来说，真的可以用"血洗"整个行业来形容。意料之外的低价，恰逢雾霾季来袭，智米科技生产的空气净化器很快就占据了市场的高位。然而，自智米科技发布空气净化器以来,围绕其涉嫌抄袭日本品牌巴慕达的质疑就一直没有停止过,这种质疑不但包括外观、构造设计等方面,甚至还包括产品宣传方式。虽然智米科技一再澄清,小米也在帮忙解释,但是日本巴慕达仍旧坚持自己的观点,时至今日,大家仍各执一词,没有定论。比较麻烦的是,为了共享品牌资源,小米公司允许智米科技生产的空气净化器使用小米品牌,直接对外宣称是"小米空气净化器",这就导致上述负面事件对于小米产生了很大的影响,社会各界及产品用户均将矛头指向了小米。

通过上述分析可以看出,采用关系策略找"老熟人"建立生态链,采用资源策略对生态链企业进行赋能,尤其是基于文化的赋能,在单元案例二中得到了充分的体现。然而,从这种合作方式中"自然涌现"出的基于文化的治理是一种"软性"治理,它并未推动小米生态链形成明晰的制度逻辑,来自生态链层面的制度压力也尚且不足,因此,对于生态链企业的约束力有限,这就给小米带来了很大的隐患,一旦生态链企业受到外界质疑且一时难以澄清,它们的背书者小米就会受到牵连,从而破坏小米在外部利益相关者眼中已经建立起来的合法性,将小米推向充满重重社会压力的舆论漩涡之中。

(3)单元案例三:小蚁科技遭到用户投诉

如果说单元案例二中的智米科技只是涉嫌产品抄袭(因为至今没有定论),那么单元案例三中所展示的小蚁科技遭到用户投诉的问题或许更加严重。小米生态链企业小蚁科技成立于 2015 年 1 月,借助小米公司在供应链、渠道、投融资、产品定义、工业设计等方面的支持,小蚁科技于 2015 年 3 月 2 日正式发布小蚁运动相机,售价 399 元。没想到的是,产品上市之后引来了用户的大量投诉,主要原因是小蚁运动相机侧面的一个插孔突出位置稍高,导致橡胶盖无法严丝合缝地盖上,会微微翘起。后来经过调查发现,小蚁科技在相机量产时就发现了这个问题,比较遗憾的是,它并没有告知小米公司,而是将此问题隐瞒,在小米公司毫不知情的情况下,让工人用刀将侧面的凸起部分削掉,简单地用手工的方式处理了这个问题,随后就包装销售了。然而,小蚁科技的处理方式并未达到预期的效果,明显的手工切口以及仍然无法完全合紧的盖子,引发了用户大量投诉,最终升级为小米生态链发展初期最为严重的一次事故。事故的代价是惨重的,因为用户不仅对小蚁运动相机、小蚁科技产生了强烈质疑,同时也不再像之前那样信任和认可小米。

单元案例三的发现进一步印证和发展了单元案例一和单元案例二的发现:被印证的发现是关系策略和资源策略仍然是小米公司在本阶段所采用的

最为重要的制度创业策略,基于文化的治理机制仍然是本阶段最核心的治理机制,但是单元案例三进一步发现这种治理机制不仅仅是滋生生态链企业涉嫌负面事件的温床,更为严重的是,由于组织场域层面没有形成明晰的制度逻辑和强有力的制度压力,生态链企业会违背合作初衷,产生不良意愿,发生不端行为,最终不但自己受损,也牵连了小米公司。

（4）第一阶段小结

综合第一阶段中三个单元案例的分析结果,遵循"制度创业→生态治理→治理结果"的逻辑脉络,对第一阶段的研究发现进行总结（见表6-3）:生态型企业作为制度创业者,在自身特质（包括创新导向、社会资本、资源禀赋）的驱动下,采用资源策略和关系策略,打造出被成员企业认同的企业创新生态系统文化,借此对其实施治理,但是由于企业创新生态系统制度逻辑没有形成、制度压力严重不足,导致治理结果并不理想,成员企业不愿创新与不端行为难以得到约束,生态型企业的合法性也难以得到有效保护。

表 6-3　第一阶段的研究发现

阶段	首次制度创业			企业创新生态系统治理			生态型企业合法性保护
	制度创业动因	制度创业者	制度创业策略	制度创业对象	治理主体	治理机制	治理对象	
一	制度创业者的创新导向、社会资本和资源禀赋	生态型企业	关系策略资源策略	成员企业	生态型企业	企业创新生态系统文化	成员企业	成员企业不愿创新与不端行为难以约束,生态型企业合法性难以得到有效的保护

6.4.2　第二阶段（2016 年）:社会压力驱动二次制度创业与场域规制治理

在第一阶段,小米生态链中"自然涌现"的文化治理机制,并没有有效地抑制生态链企业的负面意愿或行为,小米的合法性遭到了破坏,小米多次被推向舆论的漩涡,面对重重的社会压力,小米开启了第二次制度创业,目的在于通过"设计生成"的小米生态链治理机制,对生态链企业严加管控。从2016 年年初开始,小米就着手这方面的工作,我们选取了三个具有代表性的案例(见表 6-4),单元案例四是小米生态链治理机制由"自然涌现"向"设计生成"进行转变的一个分水岭,单元案例四代表小米生态链治理的进一步升级,单元案例六是阶段二中对小米及小米生态链具有较大影响的负面事件。

表 6-4　第二阶段的单元案例

序号	时间	单元案例概述
单元案例四	2016 年 1 月	小米推出内测系统,专门对生态链企业生产的产品进行检测。
单元案例五	2016 年 3 月	小米推出"米家"品牌,专门用于承载生态链产品。
单元案例六	2016 年 3 月	小米生态链企业纯米科技生产的米家压力 IH 电饭煲被网友质疑抄袭无印良品,随后又有媒体曝出其涉嫌虚假宣传

(1)单元案例四:小米推出内测系统

2016 年 1 月,小米推出内测系统,并制定了严格的内测流程,要求生态链企业生产的产品必须经过该系统测试才能上市。事实上,在此之前小米是通过非常松散和随机的方式进行内测,例如,早期的生态链爆款产品——小米手环,前前后后发放了大约 500 个内测机,发下去之后建立"工作群",在群里,内测人员反馈各种意见,但是这种大范围发放内测机的方式并未带来理想的效果,一来"工作群"中的发言不好控制和统计,容易"刷屏",二来只有那些真正喜欢智能硬件的发烧友才能及时且有效地反馈信息,难以收到真正有价值的反馈。为此,小米将内测范围逐渐缩小,最后干脆开通专门的内测系统。基于这一数字化的平台,小米鼓励资深粉丝和公司内部的资深员工参与内测,对于积极反馈意见的人员,小米会部分退还甚至全额返还他们购买测试机的费用,以此作为奖励。内测阶段最核心的目标就是调动大家讲真话,吐槽越多,对于问题的反馈越及时,对产品就越有利。即使一款被寄予厚望的产品,如果被内测人员严重吐槽,生态链企业又拿不出合理的解决方案,小米宁可放弃潜在的丰厚利润,也不会让它上市。

从制度创业的角度讲,小米推出内测系统的动因是深感之前来自各方的社会压力,小米采用的制度创业策略则是话语策略,主要是说服生态链企业采用内测系统和严格的内测流程完成产品测试工作,同时,小米还不断地游说内测人员,让他们大胆地讲出自己对产品最真实的看法。这些工作得到了两方面积极效果:一方面,专属的内测系统和严格的内测流程可以被理解为小米公司为生态链企业、内测人员所设计的正式制度安排，与阶段一中的核心治理机制——小米生态链文化相比，这是一种"硬性"治理机制，它的出现代表了小米生态链规制的初步形成；另一方面，内测如炼狱，以内测为核心要素的小米生态链规制的初步显现，使得小米生态链的制度逻辑逐渐清晰，给生态链企业带来的制度压力也有所增强，这种背景下，生态链企业受到的约束也会提升。

（2）单元案例五：小米推出"米家"品牌

2016 年 3 月，小米推出"米家"品牌以及对应的电商平台"米家有品"，专门用来承载生态链产品。为了激发这些资源的效能，小米推出了相应的配套制度，最具代表性的有两类：一类是退出制度，也就是说，如果小米生态链企业出现了某些问题，它们将无权继续使用"米家"品牌及"米家有品"电商平台，例如：小米生态链企业生产的产品销售额连续低于预期；小米生态链企业被投出超过十次；小米生态链企业由于质量、物流、售后等重大缺陷或误导性宣传，给用户或小米造成损失；小米生态链企业生产的产品在小米渠道中的价格高于其他渠道中的价格，并且未及时调整；小米生态链企业的产品声誉未达到商定的标准。另一类制度是关于小米和小米生态链企业合作方式及各自权责的进一步约定，主要体现为他们共同签署的《商业合作协议》，该协议第一条规定：凡是使用"米家"品牌和"米家有品"电商平台的生态链产品，不得再套用其他品牌或通过其他渠道进行销售，针对此类产品，小米生态链企业主要负责研发，小米主要负责参与产品定义、产品设计等环节，产品技术与知识产权归双方共有。

在这个单元案例中，小米采用资源策略，依托自己的品牌资源、渠道资源为生态链企业赋能，为了保证资源效能的充分发挥，小米主要设计了两类与之相关的制度，我们可以将其理解成两把"枷锁"，其中，退出制度避免了生态链企业长期占用小米优质资源，但是出工不出力的尴尬局面，这种优胜劣汰的机制无形之中会提升生态链企业的自我约束感，否则将被淘汰出局。此外，另一类关于明确双方合作方式及权责的制度，可以使生态链企业清晰界定自身在小米生态链中扮演的角色以及承担的职能，可以避免它们"到处撒网"，在一定程度上抑制了它们的机会主义行为，从而推动它们专心致志地投入到与小米的合作中去。从本质上讲，这两类制度都属于"硬性"制度，具有强制性和惩罚性，它们的出现意味着小米生态链规制得到了进一步强化。

（3）单元案例六：纯米科技被外界连续质疑

工程师杨华带领团队开发了一款名为"菜煲"的产品，引起了小米的注意,经过多次试用和研究后,小米觉得杨华团队的产品理念与小米高度吻合,就找到杨华团队,反复沟通,说服他们加入了小米生态链,成立了纯米科技。纯米科技依托小米的全方位赋能,进行产品研发和制造,经过内测系统的严格测评后,于 2016 年 3 月发布了自己的主打产品——米家压力 IH 电饭煲,并依托"米家有品"开始销售。让人没有想到的是,米家压力 IH 电饭煲一经发布就有网友质疑其涉嫌抄袭无印良品,随后,小米生态链产品规划总监帮助纯米科技在自己的微博上进行了回应,但是一波未平一波又起,又有媒体质疑该款产品涉嫌虚假宣传,称其并未达到官方宣传中描述的"采用粉体涂层防止粘锅",对于这个质疑纯米科技或小米官方没有做出明确回应。

综观这个单元案例,小米首先采用话语策略,谨慎地运用说服性语言让杨华及其团队加入小米生态链,成立了纯米科技,然后采用资源策略,对纯米科技进行"航母式"的支持,在产品设计、产品定义、供应链背书、品牌、渠道等方面进行全方位赋能,推动纯米科技的主打产品米家压力 IH 电饭煲快速上市。事实上,小米生态链发展至今,以内测系统、内测流程、退出制度、权责制度为核心要素的小米生态链规制已经形成,小米生态链的制度逻辑也变得清晰,从理论上讲,小米生态链企业已经受到了严格的约束,出现负面事件的机率非常小,但是这种小概率事件却发生了,在重重"硬性"制度约束下诞生的米家压力 IH 电饭煲还是被网友和媒体质疑。本章认为造成这一问题的原因在于,小米生态链规制属于"硬性"治理机制,它适用于解决那些明确可见的、可用具体指标测量的、显性的问题(如产品质量是否合格、产品功能是否达标),但是对于处于模糊地带的、难以明确度量的问题(如产品是否涉嫌抄袭或虚假宣传),适用性就相对有限。为此,小米有必要进一步健全生态链治理机制,使其功能更加完善。

(4)第二阶段小结

综合上述分析,遵循"制度创业→生态治理→治理结果"的逻辑脉络,对第二阶段的研究发现进行总结(见表 6-5):由于之前频受外界质疑,生态型企业深感社会压力之大,因此,采用话语策略和资源策略进行二次制度创业,目的在于打造出企业创新生态系统规制,与已经形成的企业创新生态系统文化互为补充。虽然本阶段中企业创新生态系统的制度逻辑基本形成,但框架并不完整,由此导致企业创新生态系统的制度压力虽然比较强大,但辐射维度有限,所以成员企业不愿创新与不端行为尚且存在,生态型企业合法性仍未能得到有效保护。

表 6-5　第二阶段的研究发现

阶段	二次制度创业				企业创新生态系统治理			生态型企业合法性保护
	制度创业动因	制度创业者	制度创业策略	制度创业对象	治理主体	治理机制	治理对象	成员企业不愿创新与不端行为尚且存在,生态型企业合法性未能得到有效的保护
二	制度创业者感知社会压力	生态型企业	话语策略资源策略	成员企业	生态型企业	企业创新生态系统规制、文化	成员企业	

6.4.3 第三阶段(2017 年至今):制度功能压力驱动三次制度创业与场域规范治理

经历第二阶段后,小米深感组织场域制度功能压力之大,同时,社会舆论压力仍然给小米造成困扰,所以小米开启了第三次制度创业,目的在于打造组织场域规范,进而对小米生态链进行全方位的治理。在第三阶段中,我们选取了三个具有代表性的单元案例,单元案例七是小米开启第三次制度创业的标志,单元案例八和单元案例九代表了生态链企业对于生态链规范的积极响应,具体如表 6-6 所示。

表 6-6　第三阶段的单元案例

序号	时间	单元案例概述
单元案例七	2017 年 8 月	小米提出要做"科技界的无印良品",基于"新零售""新国货"等理念开启了生态链治理的新阶段。
单元案例八	2018 年 2 月	小米生态链企业华米科技在美国上市,其创始人表示加入小米生态链后受益最大的就是近一两年来对小米生态链规范的理解。
单元案例九	2019 年 1 月	家电产业巨头 TCL 十分认同小米倡导的生态链规范,与小米签署战略合作协议,双方将开展智能硬件与电子信息核心高端基础器件一体化的联合研发。

（1）单元案例七：小米要做科技界的"无印良品"

2017年8月31日，雷军在"上海国际商业年会"上提出小米要做科技界的"无印良品"。无印良品是一个日本品牌，在日文中意为无品牌标志的好产品，产品类别以日常用品为主，产品注重纯朴、简洁、环保、以人为本等理念。雷军认为，做科技界的"无印良品"意味着小米今后不应再聚焦创造经济上的奇迹，而是要用真材实料生产出感动人心的产品，推动中国制造业整体从"供应性需求"向"体验性需求"转变，不但要保证用户能够购买到漂亮、精致的产品，而且要把精益求精的工匠精神注入到中国制造业之中，为中国供给侧结构性改革贡献力量。雷军认为，小米生态链是落实这些全新理念的重要载体，为此他要求小米公司的相关部门尽可能地在各种场合与生态链企业互动，向他们阐述这些理念。雷军、刘德等具有社会影响力的高管也在小米生态链年会、小米生态链交流会等场合公开发表演讲，推动这些理念融入到生态链企业之中。为了推动这些理念具体落地，小米还打造了生态链产品的线下销售渠道——小米之家，小米期望通过线下零售和线上零售的融合，用互联网电商的模式和技术来帮助实体零售店改善用户体验，提高销售效率，从而推动更多质优价廉的产品走入千家万户，推动消费升级。通过小米的不断努力，其所倡导的理念逐渐被生态链企业所接受。

单元案例七表明小米的治理理念在发生变化，小米不再一味地追求阶段一中那种"自然涌现"的"软性"治理机制——企业创新生态系统文化，也不再一味地追求阶段二中那种"设计生成"的"硬性"治理机制——企业创新生态系统规制，而是通过认知策略，充分利用小米的自我认可度和知名度，对生态链企业实施影响，使他们的价值观、理念与态度发生转变，推动他们逐步接受小米所倡导的全新理念，由此在小米生态链内部自发形成一种集体遵从的规范，可以将其理解为一种"软性适中"的治理机制，虽然也是通过"设计生成"，但是它不属于正式的制度安排，也没有强制性。不过小米生态链规范可以在价值观或理念层面约束生态链企业的不良意愿或行为，更加有利于抑制生态链企业发生那些处于模糊地带的、难以明确度量的问题（如产品是否涉嫌抄袭或虚假宣传）。

（2）单元案例八：华米科技在美国上市后的思考

2018年2月8日，华米科技在美国纽约证券交易所上市，成为首家在美上市的小米生态链企业。华米科技创立于2013年，是一家在智能可穿戴技术领域有着丰富生物特征识别经验和运动数据驱动的公司，拥有全球用户海量的生物识别与运动数据库，为用户提供综合评估及分析等服务。华米科技创始人黄汪在上市仪式上表示：作为一家成员企业，华米科技在小米生态链中获得了全方位的支持，比如，资源、渠道、品牌、流量等，但是在这些支持中，令华米科技受益最大的是近一两年来小米反复倡导的规范，这种规范不是要求我们在技术性能方面达到什么标准，而是引导我们用真材实料生产出感动人心的产品，推动中国制造业整体从"供应性需求"向"体验性需求"转变，为中国供给侧结构性改革贡献力量。黄汪表示：华米科技会在这种规范的感召下，始终致力于将人类真实的情感及活动连入互联网世界，改善人们的生活，华米科技上市之后，会加大在技术、产品研发上的投入，使得更广泛、更多样化的生物特征识别和活动数据集合及分析成为可能，推动智能可穿戴市场的不断创新和快速发展。雷军也在个人微博及微信公众号上，对华米科技上市表示祝贺，在雷军看来，华米科技的成功上市，是小米生态链规范的巨大胜利。

此单元案例从生态链企业的角度揭示了小米采用认知策略反复倡导的生态链规范对于生态链治理具有十分重要和长久的意义，正如华米科技创始人黄汪在上市仪式上所感慨的那样：在华米科技获得的全方位赋能中，小米所倡导的规范对于华米科技的影响最为深远，它不但推动了华米科技对于产品的全新理解，甚至可以说直接影响了华米科技上市之后如何界定使命、愿景与发展战略。

（3）单元案例九：TCL 与小米签署战略合作协议

2019 年 1 月 6 日，家电产业巨头 TCL 发布公告称公司已于 2018 年 12 月 29 日与小米签订战略合作协议，双方将开展智能硬件与电子信息核心高端基础器件一体化的联合研发，创新下一代智能硬件中新型器件技术的应用，建立起核心、高端和基础技术领域的相互合作或联合投资。TCL 表示：双方是几个月前提起的合作意向，几天前讨论了战略合作框架，现在小米就已经入股 TCL 了。TCL 告诉外界：它们与小米本次战略合作的着力点主要在联合研发、供应链等方面，因此小米有强大的产品定义、研发和设计能力，而 TCL 拥有非常丰富的供应链管理经验、生产管理经验，在半导体显示业务方面拥有极强的竞争力，在大家电领域排名业界前列，双方的资源具有很好的互补性。然而，TCL 却特别强调：双方资源互补固然重要，但是促成本次合作快速达成的最核心要素是 TCL 对于小米近年来所倡导的"新国货""新零售""工匠精神"等理念以及基于此形成的小米生态链规范的强烈认可，这些因素的存在使 TCL 与小米产生了强烈的共鸣。

单元案例八表明小米生态链规范的形成对于已有生态链企业可以产生明显的治理效果,然而,单元案例九进一步显示这种规范对于生态链外部企业也会产生很大影响。诸如 TCL 这样的家电产业巨头,资源互补固然是其选择与小米展开合作的原因,小米所采取的资源策略在其中发挥了一定的作用。但是 TCL 也表示,更为关键的因素还是小米通过认知策略所倡导的生态链规范,这是双方产生共鸣进而快速开展合作的核心驱动因素。单元案例九进一步彰显了基于规范的治理机制具有强大的辐射能力和引导作用,对于小米合法性的保护至关重要。

(4)第三阶段小结

遵循"制度创业→生态治理→治理结果"的逻辑脉络,对第三阶段的研究发现进行总结(见表 6-7):组织场域制度功能不健全导致的功能压力以及外部观众质疑导致的社会压力,共同推动生态型企业采用认知策略和资源策略进行第三次制度创业,打造企业创新生态系统规范,从而与之前已经形成的企业创新生态系统文化、规制共同构成了完整的制度逻辑框架,形成了强大的制度压力,由此使得成员企业不愿创新与不端行为鲜有发生,生态型企业合法性得到有效保护。

表 6-7　第三阶段的研究发现

阶段	三次制度创业				企业创新生态系统治理			生态型企业合法性保护
	制度创业动因	制度创业者	制度创业策略	制度创业对象	治理主体	治理机制	治理对象	成员企业不愿创新与不端行为鲜有,生态型企业合法性已得到有效保护
三	制度创业者感知功能压力、社会压力	生态型企业	认知策略资源策略	成员企业	生态型企业	企业创新生态系统规范、规制、文化	成员企业	

6.5　结论与讨论

6.5.1　研究结论

　　本章探讨了"企业创新生态系统治理机制从何而来，及其在生态型企业合法性保护中如何发挥作用"，主要得出如下三点结论：第一，作为制度创业者，生态型企业在自身特质、社会压力、组织场域制度功能压力的驱动下，主要采用关系、话语、认知、资源等策略，分三个阶段，逐步打造出了企业创新生态系统文化、规制和规范。第二，在企业创新生态系统治理机制涌现过程中，企业创新生态系统的制度逻辑逐步完善，由此形成的制度压力也在逐步增强，使得成员企业不愿创新或不端行为逐步得到抑制，生态型企业的合法性逐步得到有效保护。第三，综合本章的发现，提出生态型企业合法性保护的制度化路径的演化模型（见图 6-1），该模型遵循"制度创业→生态治理→治理结果"的逻辑脉络，立足三个阶段，动态地解释了"企业创新生态系统治理机制从何而来，及其在生态型企业合法性保护中如何发挥作用"。需要指出的是，在三个阶段中，制度创业者和治理主体都是生态型企业，制度创业对象和治理对象都是成员企业，为了突出图 6-1 的要点，这些内容在图 6-1 中不再赘述。此外，通过治理机制达成生态型企业合法性保护效果，其背后潜藏着一定的作用机制，对于此，在图 6-1 中用虚线框加以表示。

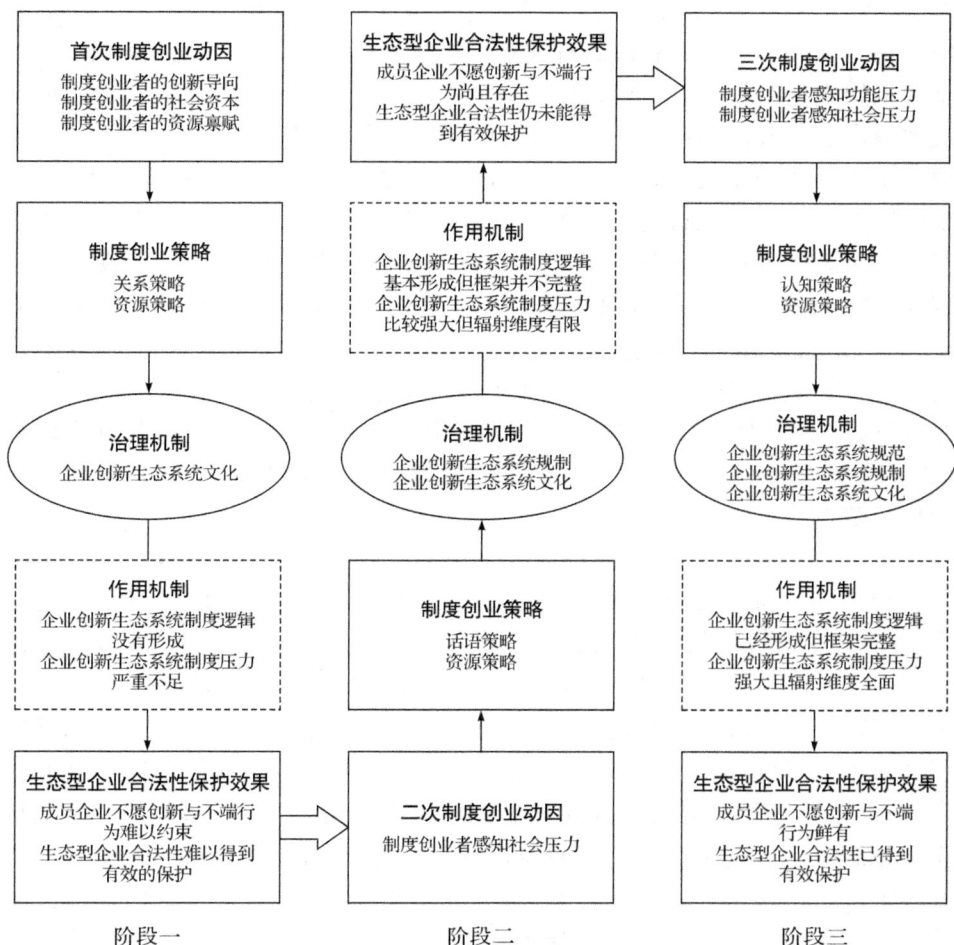

图 6-1　生态型企业合法性保护的制度化路径的演化模型

6.5.2　理论贡献

本章的理论贡献主要集中在如下两点。

第一,立足组织场域层面为生态型企业进行合法性保护提供了新的解释逻辑。现有文献在解决组织合法性保护问题时,主要将着眼点放在组织间关系层面,它们认为通过分隔机制可以弱化外界对组织间相关性的认知,由此降低与自己具有关联性的问题企业对于自身的负面影响(Haack 等,2014;

Sinha 等,2015；魏江和王诗翔,2017),这里蕴含的是"解耦"的观点(Meyer 和 Rowan,1977)。但是分隔机制有其难以规避的短板:首先,它是被动型的,当企业采用它的时候,不良结果往往已经发生,因为企业难以预判(或者说预判成本很高)哪个合作者在未来可能出现问题。其次,分隔机制仅仅通过降低两个组织的认知相关性来解决问题,这种方式治标不治本,并未从源头上约束问题企业的意愿或行为。本章针对分隔机制的两个短板"对症下药",从组织场域治理的观点出发(Scott,2008),将生态型企业与成员企业组成的企业创新生态系统视为一个组织场域,发现可以通过打造企业创新生态系统治理机制,形成制度压力,进而主动地、从根源上控制成员企业的意愿或行为。这些研究发现使得生态型企业合法性保护的思路由"消极被动的关系分隔"转变为"积极主动的源头控制",分析问题的层面也由"组织间关系层面"转变为"组织场域层面",从而为生态型企业进行合法性保护提供了新的解释逻辑。

第二,动态地揭示了企业创新生态系统治理机制的涌现过程及其作用路径。现有文献通常将企业创新生态系统治理机制分为规制、规范和文化三类,对于其内涵、特征的刻画已经比较清晰(Braunstein-Bercovitz 等,2014；Latusek 和 Ratajczak,2014；Felin 和 Zenger,2014；Howells,2006；Provan 和 Kenis,2007；Von Hippel,2007；Fauchart 和 Von Hippel,2008；张运生和邹思明,2010；吴绍波和顾新,2014),但是对于这些机制能否有效控制成员企业的意愿或行为,进而保护生态型企业合法性,还缺乏系统的探讨,尤其缺乏立足企业创新生态系统全生命周期的演化研究。此外,现有文献对企业创新生态系统治理机制从何而来也缺乏解释,尤其是纵向解释,这就为我们从源头上动态地把握生态型企业合法性保护的制度化路径造成了障碍。本章将企业创新生态系统视为一种具体的组织场域,将企业创新生态系统治理机制视为组织场域内的制度,在此基础上,将制度创业的观点引入研究体系,遵循"制度创业→生态治理→治理结果"的研究逻辑,通过剖析纵向案例的三个发展阶段,揭示了企业创新生态系统治理机制的形成动因、打造策略、作用路径与作用效果,阐明了这些因素间的关联性及其演化规律,由此丰富了企业创新生态系统治理机制的理论积累。

6.5.3　局限性与未来展望

本章存在以下局限,这也意味着后续研究存在着机会:第一,本章从企业创新生态系统治理机制的角度提出了生态型企业合法性保护的全新解释逻辑,目的在于弥补现有文献中分隔机制的局限性。然而,企业创新生态系统治理机制也存在打造周期长、见效慢等弊端,对于快速解决问题、第一时间控制局面,其效应不及分隔机制,从这个角度讲,两类机制可能存在互补效应,此问题本章没有涉及,后续有必要深入探讨。第二,在案例第三个阶段结束后,企业创新生态系统的三类治理机制全部形成,整个组织场域的制度逻辑框架已经完整,在后续发展阶段中,生态型企业如何恰当地匹配三类机制,通过机制组合来进行合法性保护,有待进一步研究。第三,本章选择小米生态链为案例研究对象,从总体上看,这一选择符合"理论抽样"的原则,也能够体现出"启示性个案"应用的特征,此外,其中的 9 个嵌套案例可以形成类似准实验的复制逻辑,有助于排除典型情境下非研究因素对于研究问题的干扰,但是 9 个嵌套案例来源于同一个生态系统,难以在不同生态系统之间形成有效对比,对于研究结论的一般性会产生一定的影响,后续可以通过多案例研究法进一步验证、完善和发展本章的结论。

第7章 对策建议

7.1 关于生态型企业合法性获取战略

生态型企业首先应该明确网络平台用户对企业生存的重要性,在此基础上,以网络平台为支点,充分利用"安排共同理解""颠覆设计""增加可信度""情感调动""权利保证"等制度创业策略,向用户表达自己所推崇的新制度的优越性,以及新制度将如何满足用户的期望、解决用户的"痛点",引导用户形成合法性判断,同时,主动监控和积极抑制用户的非法性判断,在此过程中,不断累积合法性。

7.2 关于生态型企业合法性溢出战略

(1)关于"利用型"合法性溢出战略的选择

当企业创新生态系统中各主体间技术重叠性较高时,生态型企业应选择"利用型"合法性溢出战略,充分利用自身资源,首先对成员企业的产品、品牌、管理机制等内部要素进行定义和设计,然后再对整个企业创新生态系统的内部结构进行定义和设计,使得成员企业和企业创新生态系统依次获得认知合法性。

(2)关于"探索型"合法性溢出战略的选择

当企业创新生态系统中各主体间技术重叠性较低时,生态型企业应选择"探索型"合法性溢出战略,以探索如何帮助企业创新生态系统响应外部需求为基准,对企业创新生态系统所倡导的道德规范、所践行的价值观进行定义或设计,从而使得企业创新生态系统以及与生态型企业技术重叠性低的成员企业获取规范合法性。

(3)关于合法性溢出战略选择的动态演化

企业创新生态系统中各主体间的技术重叠性会经历从高到低的转变,因此,生态型企业对于合法性溢出战略的选择也要经历由"利用型"向"探索型"转变。在此过程中,生态型企业应注重自身关注点的转换,从挖掘自身内部资源,对战略对象进行定义或设计,逐渐转换为帮助战略对象探索如何满足外部需求,充分实现对于社会规范的响应。此外,生态型企业应关注组织场域的桥梁作用,综合使用"利用型"和"探索型"合法性溢出战略,对组织场域的合法性进行培育。

7.3　关于生态型企业合法性保护战略

(1)关于生态型企业

首先,生态型企业应该清醒地认识到,自身合法性遭到破坏的主要原因是成员企业低水平的创新意愿和不端行为,因此,生态型企业应首先立足组织场域层面、渐进性地打造出长效型的企业创新生态系统治理机制,主要包括企业创新生态系统规制(如管理制度、奖惩条例、合同条款)、规范(如道德准则、诚信规范、声誉机制)和文化(如使命、愿景、价值观),真正从源头上抑制成员企业的不端行为、提升它们的创新意愿。

在此过程中,生态型企业应当充分借助自身的社会资本和资源禀赋,采用关系策略找"老熟人"建立起企业创新生态系统,采用资源策略对成员企业进行赋能,尤其是基于文化的赋能,使得基于文化的治理机制在企业创新生态系统中"自然涌现",初步形成企业创新生态系统的制度逻辑。在此基础上,生态型企业还应时刻关注外界舆论的评价,根据舆论导向,综合使用话语策略和资源策略,通过建立内测系统、明确内测流程、创建专属品牌等手段,"设计生成"企业创新生态系统规制,推动组织场域内"硬性"治理机制的出现。此外,为了保证企业创新生态系统制度逻辑的完整性以及制度压力的全面辐射,生态型企业还应采取认知策略和资源策略,使组织内部拥有自我认可度与知名度的"明星企业家""明星员工""网红",充分发挥文化技能,对成员企业施加影响,使其接受生态型企业所倡导的诚信规范、道德规范、声誉规范,从而推动企业创新生态系统规范的形成。最后,生态型企业要注意三类治理机制的效用边界,在解决那些明确可见的、可用具体指标测量的、显性问题时(如产品质量是否合格、产品功能是否达标),宜采用"硬性"的规制进行有力的控制;在解决那些处于模糊地带的、难以明确度量的问题时(如产品是否涉嫌抄袭或虚假宣传),应重点考虑使用"软性"的文化和"软硬适中"的规范加以引导。

此外,生态型企业也要注重应急型的分隔机制的打造,通过公开发表声明、减少业务合作、减少沟通频次、减少共同制定目标等方式,在组织间关系层面弱化存在问题的成员企业对于生态型企业合法性的负面影响。

(2)关于成员企业

成员企业在享受生态型企业合法性溢出"红利"的同时,必须认识到自身低水平的创新意愿与不端行为对生态型企业合法性造成的危害。为此,成员企业应该主动了解企业创新生态系统中的各种治理机制,严格遵守各项管理制度以及法律合同,在企业创新生态系统所倡导的诚信规范、声誉机制等框架下开展相关工作;同时,还应积极响应企业创新生态系统的文化,对于企业创新生态系统的使命、愿景、价值观等形成清晰的理解与认知,以此为引导,自发主动地抑制自身的不端行为、提升自身的创新意愿,与生态型企业以及其他合作伙伴共同推动企业创新生态系统健康、可持续地发展。此外,成员企业还应深刻理解分隔机制的内涵和表现形式,当生态型企业针对成员企业公开发表声明,或减少与成员企业的业务合作、沟通频次、共同制定目标频次,甚至与成员企业终止合同时,成员企业应该认真审视自身是否存在破坏生态型企业合法性的不端行为,或者存在创新意愿低下等情况,并立即加以纠正。

(3)关于政府

政府应及时出台与企业创新生态系统相关的政策,对企业创新生态系统的运营与发展给予大力扶持,并积极引导生态型企业打造企业创新生态系统规制和规范,营造有利于协同创新活动的优质文化。此外,行业协会、社会团体、公益组织等社会行动者也应该积极参与企业创新生态系统的运营与维护,协助生态型企业充分理解政府颁布的政策,辅助他们设计相关的治理机制,推动企业创新生态系统健康发展。

参考文献

[1]Adner R. Match your innovation strategy to your innovation ecosystem [J]. Harvard Business Review,2006,84 (4):98.

[2]Adner R. Ecosystem as structure:An actionable construct for strategy [J]. Journal of Management,2017,43 (1):39-58.

[3]Adner R,Kapoor R. Value creation in innovation ecosystems:How the structure of technological interdependence affects firm performance in new technology generations[J]. Strategic Management Journal,2010,31 (3):306-333.

[4]Adner R,Kapoor R. Innovation ecosystems and the pace of substitution: Re-examining technology S-curves[J]. Strategic Management Journal, 2016,37 (4):625-648.

[5]Andrews K R. The Concept of Corporate Strategy[M]. Homewood:Dow Jones-Irwin,1971.

[6]Angeloska-Dichovska M,Mirchevska T P. Challenges of the company in the new economy and development of e-business strategy[J]. Strategic Management,2017,22 (2):27-35.

[7]Ansari S,Philips N. New consumer practices and change in organizational fields[J]. Organization Science,2011,22 (6):1579-1599.

[8]Barnett M L,King A A. Good fences make good neighbors:A longitudinal analysis of an industry self-regulatory institution[J]. Academy of Management Journal,2008,51 (6):1150-1170.

[9]Baron R M,Kenny D A. The moderator-mediator variable distinction in social psychological research:Conceptual,strategic,and statistical considerations

[J]. Journal of Personality and Social Psychology,1986,51 (6):1173-1182.

[10]Battilana J, Leca B, Boxenbaum E. How actors change institutions: Towards a theory of institutional entrepreneurship[J]. Academy of Management Annals,2009,3 (1):65-107.

[11]Beelitz A, Merkldavies D M. Using discourse to restore organizational legitimacy:"CEO-speak" after an incident in a German nuclear power plant[J]. Journal of Business Ethics,2012,108 (1):101-120.

[12]Berrone P, Fosfuri A, Gelabert L, Gomez-Mejia L R. Necessity as the mother of "green" inventions: Institutional pressures and environmental innovations[J]. Strategic Management Journal,2013,34 (8):891-909.

[13]Bhatt B, Qureshi I, Riaz S. Social entrepreneurship in non-munificent institutional environments and implications for institutional work: Insights from China[J]. Journal of Business Ethics, 2019, 154 (3): 605-630.

[14]Bitektine A. Legitimacy-based entry deterrence in inter-population competition[J]. Corporate Reputation Review,2008,11 (1):73-93.

[15]Bitektine A. Toward a theory of social judgments of organizations:The case of legitimacy,reputation,and status[J]. Academy of Management Review,2011,36 (1):151-179.

[16]Bitektine A, Haack P. The "macro" and the "micro" of legitimacy: Toward a multilevel theory of the legitimacy process[J]. Academy of Management Review,2015,40 (1):49-75.

[17]Bjerregaard T,Jonasson C. Managing unstable institutional contradictions: The work of becoming[J]. Organization Studies,2014,35 (10):1507-1536.

[18]Boutinot A, Mangematin V. Surfing on institutions:When temporary actors in organizational fields respond to institutional pressures [J]. European Management Journal,2013,31 (6):626-641.

[19]Braunstein-Bercovitz H, Cohen E, Geller S, Benjamin B A. A career developmental perspective on the therapeutic alliance:Implications for counseling[J]. Journal of Employment Counseling,2014,51 (2):50-58.

[20]Brunswicker S,Chesbrough H. The adoption of open innovation in large firms[J]. Research Technology Management,2018,61 (1):35-45.

[21]Cao H,Li H,Wang G. Impacts of isomorphic pressures on BIM adoption in construction projects [J]. Journal of Construction Engineering and Management,2014,140 (12):1-9.

[22] Caves R. American Industry: Structure, Conduct, Performance [M]. Englewood Cliffs:Prentice-Hall,1964.

[23]Cavusgil S T,Deligonul S,Zhang C. Curbing foreign distributor opportunism: An examination of trust,contracts,and the legal environment in international channel relationships[J]. Journal of International Marketing,2004,12 (2): 7-27.

[24]Certo S T,Hodge F. Top management team prestige and organizational legitimacy:An examination of investor perceptions[J]. Journal of Managerial Issues,2007,19 (4):461-477.

[25]Child J,Rodrigues S B. The internationalization of Chinese firms:A case for theoretical extension? [J]. Management and Organization Review, 2005,1 (3):381-410.

[26]Courtney C,Dutta S,Li Y. Resolving information asymmetry:Signaling, endorsement, and crowdfunding success[J]. Entrepreneurship Theory and Practice,2017,41 (2):265-290.

[27] Dacin M T,Goodstein J,Scott W R. Institutional theory and institutional change: Introduction to the special research forum [J]. Academy of Management Journal,2002,45 (1):43-56.

[28]Dahlstrom R,Nygaard A. An empirical investigation of ex post transaction costs in franchised distribution channels[J]. Journal of Marketing Research, 1999,36 (2):160-170.

[29]Deephouse D L,Suchman M C. Legitimacy in organizational institutionalism [A]. Greenwood R,Oliver C,Suddaby R (Eds.). The Sage Handbook of Organizational Institutionalism [M]. New York: Sage Publications, 2008:49-77.

[30]Delgado-Ceballos J,Aragón-Correa J A,Ortiz-De-Mandojana N,Rueda-Manzanares A. The effect of internal barriers on the connection between

stakeholder integration and proactive environmental strategies [J]. Journal of Business Ethics,2012,107 (3):281-293.

[31]Denison D R,Mishra A K. Toward a theory of organizational culture and effectiveness[J]. Organization Science,1995,6 (2):204-223.

[32]Desai V M. Mass media and massive failures:Determining organizational efforts to defend field legitimacy following crises [J]. Academy of Management Journal,2011,54 (2):263-278.

[33]Dieleman M,Sachs W M. Coevolution of institutions and corporations in emerging economies:How the salim group morphed into an institution of suharto's crony regime[J]. Journal of Management Studies,2008,45 (7):1274-1300.

[34]DiMaggio P J. Interest and agency in institutional theory[A]. Zucker L G (Eds.). Institutional Patterns and Organizations:Culture and Environment [M]. Cambridge,MA:Ballinger,1988:3-22.

[35]DiMaggio P J, Powell W W. The iron cage revisited: Institutional isomorphism and collective rationality in organizational fields [J]. American Sociological Review,1983,48 (2):147-160.

[36]Durand R,Paolella L. Category stretching:Reorienting research on categories in strategy, entrepreneurship, and organization theory [J]. Journal of Management Studies,2013,50 (6):1100-1123.

[37]Dyer W G,Wilkins A L. Better stories,not better constructs,to generate better theory:A rejoinder to Eisenhardt[J]. Academy of Management Review,1991,16 (3):613-619.

[38]Eisenmann T,Parker G,Van Alstyne M. Platform envelopment[J]. Strategic Management Journal,2011,32 (12):1270-1285.

[39]Eisenhardt K M. Building theories from case study research [J]. Academy of Management Review,1989,14 (4):532-550.

[40]Eisenhardt K M,Graebner M E. Theory building from cases:Opportunites and challenges [J]. Academy of Management Journal, 2007, 50 (1): 25-32.

[41]Elangovan N. Mediation of perceived innovation characteristics on ERP adoption in industrial cluster[J]. International Journal of Innovation &

Technology Management,2016,13 (3):1-19.

[42]Elsbach K D. Managing organizational legitimacy in the California cattle industry: The construction and effectiveness of verbal accounts[J]. Administrative Science Quarterly,1994,39 (1):57-88.

[43]Fauchart E,Von Hippel E A. Norms-based intellectual property systems: The case of French chefs[J]. Organization Science, 2008, 19 (2): 187-201.

[44]Felin T,Zenger T R. Closed or open innovation? Problem solving and the governance choice[J]. Research Policy,2014,43 (5):914-925.

[45]Fisher G,Lahiri A,Kotha S. Changing with the times:An integrated view of indentity,legitimacy and new venture life cycles[J]. Academy of Management Review,2016,41 (3):383-409.

[46]Fligstein N. Social skill and the theory of fields[J]. Sociological Theory, 2001,19 (2):105-125.

[47]Fu W,Wang Q,Zhao X. The influence of platform service innovation on value co-creation activities and the network effect[J]. Journal of Service Management,2017,28 (2):348-388.

[48]Giddens A. Central Problems in Social Theory:Action,Structure and Contradiction in Social Analysis[M]. Berkeley:University of California Press,1979.

[49]Goins S,Gruca T S. Understanding competitive and contagion effects of layoff announcements[J]. Corporate Reputation Review,2008,11 (1): 12-34.

[50]Greenwood R,Hinings C R,Whetten D. Rethinking institutions and organizations[J]. Journal of Management Studies, 2014, 51 (7):1206-1220.

[51]Greenwood R,Suddaby R. Institutional entrepreneurship in mature fields:The big five accounting firms[J]. Academy of Management Journal,2006,49 (1):27-48.

[52]Greenwood R,Suddaby R,Hinings C R. Theorizing change:The role of professional associations in the transformation of institutionalized fields [J]. Academy of Management Journal,2002,45 (1):58-80.

[53]Griffith R,Tengnah C. The law and accountability in district nursing practice[J]. British Journal of Community Nursing, 2005, 10 (7): 339-43.

[54]Haack P,Pfarrer M D,Scherer A G. Legitimacy-as-feeling:How affect leads to vertical legitimacy spillovers in transnational governance[J]. Journal of Management Studies,2014,51 (4):634-666.

[55]Haack P,Scherer A G. Vertical legitimacy spillovers in transnational governance:The UN global compact and its participants[A]. Institute of Organization and Administrative Science [C]. University of Zurich, Working Papers,2010:1-63.

[56]Hale T,Held D. The Handbook of Transnational Governance:Institutions and Innovations[M]. Cambridge:Polity Press,2011.

[57]Hannan M T,Freeman J. The population ecology of organizations[J]. American Journal of Sociology,1977,82 (5):929-964.

[58]Hardin. The tragedy of the commons[J]. Science,1968,162 (1968): 1243-1248.

[59]Hardy C,Maguire S. Institutional entrepreneurship and change in fields [A]. Greenwood R,Oliver C,Lawrence T B (Eds.). The Sage Handbook of Organizational Institutionalism[M]. New York:Sage Publications,2017: 261-280.

[60]Hargadon A B,Douglas Y. When innovations meet institutions:Edison and the design of the electric light[J]. Administrative Science Quarterly, 2001,46 (3):476-501.

[61]Helkkula A,Kowalkowski C,Tronvoll B. Archetypes of service innovation: Implications for value cocreation[J]. Journal of Serivce Resarch,2018,21 (3):284-301.

[62]Howells J. Intermediation and the role of intermediaries in innovation [J]. Research Policy,2006,35 (5):715-728.

[63]Huy Q N,Corley K G,Kraatz M S. From support to mutiny:Shifting legitimacy judgments and emotional reactions impacting the implementation of radical change[J]. Academy of Management Journal,2014,57 (6): 1650-1680.

［64］Iansiti M,Levien R. Strategy as ecology[J]. Harverd Business Review,
2004,34 (3):68-78.

［65］Jonsson S,Greve H R,Fujwara-Greve T. Undeserved loss:The spread
of legitimacy loss to innocent organizations in response to reported
corporate deviance[J]. Administrative Science Quarterly,2009,54 (2):
195-228.

［66］Julian S D,Ofori-Dankwa J C,Justis R T. Understanding strategic responses
to interest group pressures[J]. Strategic Management Journal,2008,29
(9):963-984.

［67］Kahneman D. Thinking Fast and Slow[M]. London:Penguin,2011.

［68］Kahneman D, Frederick S. Representativeness revisited: Attribute
substitution in intuitive judgment[A]. Gilovich T,Griffin D,Kahneman
D (Eds.). Heuristics and Biases:The Psychology of Intuitive Judgment
[M]. Cambridge:Cambridge University Press,2002:49-81.

［69］Khalifa M,Davison M. SME adoption of IT:The case of electronic
trading systems[J]. IEEE Transactions on Engineering Management,
2006,53 (2):275-284.

［70］Kostova T,Zaheer S. Organizational legitimacy under conditions of
complexity:The case of the multinational enterprise[J]. Academy of
Management Review,1999,24 (1):64-81.

［71］Kostova T,Roth K,Dacin M T. Institutional theory in the study of
multinational corporations:A critique and new directions[J]. Academy
of Management Review,2008,33 (4):994-1006.

［72］Kude T,Dibbern J,Heinzl A. Why do complementors participate? An
analysis of partnership networks in the enterprise software industry[J].
IEEE Transactions on Engineering Management,2012,59 (2):250-265.

［73］Kuilman J G,Li J. Grades of membership and legitimacy spillovers:
Foreign banks in shanghai, 1847-1935 [J]. Academy of Management
Journal,2009,52 (2):229-245.

［74］Lange D,Washburn N T. Understanding attributions of corporate social
irresponsibility[J]. The Academy of Management Review,2015,37 (2):
300-326.

[75]Latusek D,Ratajczak M. Crafting the idea of multiculturality：The case of Wrocław,European Capital of Culture 2016[J]. Scandinavian Journal of Public Administration,2014,18 (3)：49-66.

[76]Laursen K,Salter A. Open for innovation：The role of openness in explaining innovation performance among U. K. manufacturing firms[J]. Strategic Management Journal,2010,27 (2)：131-150.

[77]Li D,Zheng M,Cao C,Chen X,Ren S,Huang M. The impact of legitimacy pressure and corporate profitability on green innovation：Evidence from China top 100[J]. Journal of Cleaner Production,2017,141 (10)：41-49.

[78]Li J T,Yang J Y,Yue D R. Identity,community and audience：How wholly owned foreign subsidiaries gain legitimacy in China[J]. Academy of Management Journal,2007,50 (1)：175-190.

[79]Lin H E,McDonough E F,Yang J,Wang C. Aligning knowledge assets for exploitation,exploration,and ambidexterity：A study of companies in high-tech parks in China[J]. Journal of Product Innovation Management,2017,34 (2)：122-140.

[80]Liu H,Ke W,Wei K K,Gu J,Chen H. The role of institutional pressures and organizational culture in the firm's intention to adopt internet-enabled supply chain management systems [J]. Journal of Operations Management,2010,28 (5)：372-384.

[81]Loughry M L,Tosi H L. Performance implications of peer monitoring [J]. Organization Science,2008,19 (6)：876-890.

[82]Luo X R,Zhang J,Marquis C. Mobilization in the internet age：Internet activism and corporate response[J]. Academy of Management Journal,2016,59 (6)：2045-2068.

[83]Lusch R,Nambisan S. Service innovation：A service-dominant logic perspective [J]. MIS Quarterly,2015,39 (1)：155-175.

[84]Maguire S,Hardy C,Lawrence T B. Institutional entrepreneurship in emerging fields：HIV/AIDS treatment advocacy in Canada[J]. Academy of Management Journal,2004,47 (5)：657-679.

[85]Mcintyre D P,Srinivasan A. Networks,platforms,and strategy：

Emerging views and next steps[J]. Strategic Management Journal, 2017,38 (1):141-160.

[86]Menguc B, Auh S, Ozanne L. The interactive effect of internal and external factors on a proactive environmental strategy and its influence on a firm's performance[J]. Journal of Business Ethics,2010,94 (2): 279-298.

[87]Mervis C B, Rosch E. Categorization of natural objects[J]. Annual Review of Psychology,1981,32 (1):89-115.

[88]Meyer J W,Rowan B. Institutionalized organizations:Formal structure as myth and ceremony[J]. American Journal of Sociology,1977,83 (2): 340-363.

[89]Micelotta E,Lounsbury M,Greenwood R. Pathways of institutional change: An integrative review and research agenda[J]. Journal of Management,2017, 43 (6):2-45.

[90]Misangyi V F. Institutional complexity and the meaning of loose coupling:Connecting institutional sayings and (not) doings[J]. Strategic Organization,2016,14 (4):407-440.

[91]Mistri M. Industiral districts and local governance in the Italian experience[J]. Human Systems Management,1999,18 (2):131-139.

[92]Moore J F. Predators and prey:A new ecology of competition[J]. Harvard Business Review,1993,71 (3):75-86.

[93]Murphy G L. The Big Book of Concepts (1st Edition)[M]. Cambridge, MA:MIT Press,2002.

[94]Pacheco D F,York J G,Dean T J,Sarasvathy S D. The coevolution of institutional entrepreneurship:A tale of two theories[J]. Journal of Management,2010,36 (4):974-1010.

[95]Peng M W,Sun S L,Pinkham B,Chen H. The institution-based view as a third leg for a strategy tripod[J]. Academy of Management Perspectives, 2009,23 (3):63-81.

[96]Perks H,Kowalkowski C,Witell L,Gustafsson A. Network orchestration for value platform development[J]. Industrial Marketing Management,2017, 67:106-121.

［97］Podsakoff P M,Organ D W. Self-reports in organizational research:Problems and prospects［J］. Journal of Management,2016,12 (4):531-544.

［98］Porac J F,Thomas H. Taxonomic mental models in competitor categorization ［J］. Academy of Management Review,1990,15 (2):224-240.

［99］Porter M E. Competitive Advantage［M］. New York:The Free Press, 1985.

［100］Provan K G,Kenis P. Modes of network governance:Structure,management, and effectiveness［J］. Journal of Public Administration Research and Theory,2007,18 (2):229-252.

［101］Qureshi I, Kistruck G M, Bhatt B. The enabling and constraining effects of social ties in the process of institutional entrepreneurship ［J］. Organization Studies,2016,37 (3):425-447.

［102］Randhawa K,Wilden R,Hohberger J. A bibliometric review of open innovation:Setting a research agenda［J］. Journal of Product Innovation Management,2016,33 (6):750-772.

［103］Ritala P, Olander H, Michailova S, Husted K. Knowledge sharing, knowledge leaking and relative innovation performance:An empirical study［J］. Technovation,2015,35 (January):22-31.

［104］Ruebottom T. Counting social change:Outcome measures for social enterprise［J］. Social Enterprise Journal,2011,7 (2):173-182.

［105］Shah A K, Oppenheimer D M. Heuristics made easy:An effort-reduction framework［J］. Psychological Bulletin,2008,134 (2):207-22.

［106］Seo M G,Creed W E D. Institutional contradictions,praxis,and institutional change:A dialectical perspective［J］. Academy of Management Review, 2002,27 (2):222-247.

［107］Scott W R. Institutions and Organizations:Ideas and Interests［M］. New York:Sage Publications,1995.

［108］Scott W R. Institutions and organizations:Ideas and Interests (2nd Edition)［M］. New York:Sage Publications,2001.

［109］Scott W R. Institutions and Organizations:Ideas and Interests (3rd Edition)［M］. New York:Sage Publications,2008.

［110］Scott W R. Approaching adulthood:The maturing of institutional theory[J]. Theory and Society,2008,37 (5):427-442.

[111]Scott W R,Davis G F. Organizations and Organizing:Rational,Natural and Open System Perspectives[M]. Upper Saddle River, NJ:Pierson Prentice Hall,2007.

[112]Scott W R,Ruef M,Mendel P J,Carol C A. Institutional Change and Healthcare Organizations:From Professional Dominance to Managed Care[M]. Chicago:University of Chicago Press,2000.

[113]Sears J,Hoetker G. Technological overlap,technological capabilities, and resource recombination in technological acquisitions [J]. Strategic Management Journal,2014,35 (1):48-67.

[114]Sinha P,Daellenbach U,Bednarek R. Legitimacy defense during post-merger integration:Between coupling and compartmentalization[J]. Strategic Organiztion,2015,13 (3):169-199.

[115]Smets M,Morris T,Greenwood R. From practice to field:A multilevel model of practice-driven institutional change[J]. Academy of Management Journal,2012,55 (4):877-904.

[116]Song J. Innovation ecosystem:Impact of interactive patterns,member location and member heterogeneity on cooperative innovation performance [J]. Innovation,2016,18 (1):1-17.

[117]Stevens C E,Newenham-Kahindi A. Legitimacy spillovers and political risk:The Case of FDI in the east African community [J]. Global Strategy Journal,2017,7 (1):10-35.

[118] Strauss A,Corbin J M. Basics of Qualitative Research:Grounded Theory Procedures and Techniques[M]. New York:Sage Publications, 1990.

[119]Suchman M C. Managing legitimacy:Strategic and institutional approaches [J]. Academy of Management Review,1995,20 (3):571-610.

[120] Suddaby R,Greenwood R. Rhetorical strategies of legitimacy [J]. Administrative Science Quarterly,2005,50 (1):35-67.

[121]Suddaby R,Bitektine A,Haack P. Legitimacy[J]. Academy of Management Annals,2017,11 (1):451-478.

[122]Sun M C,Tse E. The resource-based view of competitive advantage in

two-sided markets[J]. Journal of Management Studies,2009,46 (1): 45-64.

[123]Tansley A G. The use and abuse of vegetational concepts and terms [J]. Ecology,1935,16 (3):284-307.

[124]Teece D J. Profiting from innovation in the digital economy:Enabling technologies,standards,and licensing models in the wireless world[J]. Research Policy,2018,47 (8):1367-1387.

[125]Teo H H, Wei K K, Benbasat I. Predicting intention to adopt interorganizational linkages:An institutional perspective [J]. MIS Quarterly,2003,27 (1):19-49.

[126]Thornton P,Ocasio W,Lounsbury M. The Institutional Logics Perspective: A New Approach to Culture,Structure and Process[M]. Oxford: Oxford University Press,2012.

[127]Tost L P. An integrative model of legitimacy judgments[J]. Academy of Management Review,2011,36 (4):686-710.

[128]Tracey P,Phillips N,Jarvis O. Bridging institutional entrepreneurship and the creation of new organizational forms:A multilevel model[J]. Organization Science,2011,22 (1):60-80.

[129]Überbacher F. Legitimation of new ventures:A review and research programme[J]. Journal of Management Studies,2014,51 (4):667-698.

[130]Vargo S L,Lusch R F. Institutions and axioms:An extension and update of service-dominant logic [J]. Journal of the Academy of Marketing Science,2016,44 (1):5-23.

[131]Vargo S L,Lusch R F. Service-dominant logic 2025[J]. International Journal of Research in Marketing,2017,34 (1):46-67.

[132]Vergne J P. Toward a new measure of organizational legitimacy: Method, validation, and illustration [J]. Organizational Research Method,2011,14 (3):484-502.

[133]Verhaal J C,Hoskins J D,Lundmark L W. Little fish in a big pond: Legitimacy transfer,authenticity,and factors of peripheral firm entry and growth in the market center[J]. Strategic Management Journal, 2017,38 (12):2532-2552.

[134] Visser E J, Langen P D. The importance and quality of governance in the Chilean wine industry[J]. Geojournal, 2006, 65 (3): 177-197.

[135] Von Hippel E. Horizontal innovation networks by and for users[J]. Industrial and Corporate Change, 2007, 16 (2): 293-315.

[136] Voorspoels W, Storms G, Vanpaemel W. Idealness and similarity in goal-derived categories: A computational examination[J]. Memory & Cognition, 2013, 41(2): 312-327.

[137] Voronov M, Weber K. The heart of institutions: Emotional competence and institutional actorhood[J]. Academy of Management Review, 2016, 41 (3): 456-478.

[138] Waeger D, Weber K. Institutional complexity and organizational change: An open polity perspective[J]. Academy of Management Review, 2019, 44 (2): 336-359.

[139] Wang T, Song M, Zhao Y L. Legitimacy and the value of early customers[J]. Journal of Product Innovation Management, 2014, 31 (5): 1057-1075.

[140] West J, Wood D. Evolving an open ecosystem: The rise and fall of the Symbian platform[A]. Adner R, Oxley J E, Silverman B S (Eds.). Collaboration and competition in business ecosystme[M]. Emerald: Emerald Group Publishing Limited, 2013: 27-67.

[141] Wuyts S, Geyskens I. The formation of buyer-supplier relationships: Detailed contract drafting and close partner selection[J]. Journal of Marketing, 2005, 69 (4): 103-117.

[142] Yiu D, Makino S. The choice between joint venture and wholly owned subsidiary: An institutional perspective [J]. Organization Science, 2002, 13 (6): 667-683.

[143] Yu T, Sengul M, Lester R H. Misery loves company: The spread of negative impacts resulting from an organizational crisis[J]. Review of Law & Economics, 2008, 33 (2): 452-472.

[144] Yu T, Lester R H. Moving beyond firm boundaries: A social network perspective on reputation spillover[J]. Corporate Reputation Review, 2008, 11 (1): 94-108.

[145]Zavyalova A，Pfarrer M D，Reger R K，Shapiro D L. Managing the message：The effects of firm actions and industry spillovers on media coverage following wrongdoing[J]. Academy of Management Journal，2012，55（5）：1079-1101.

[146]Zimmerman M A，Zeitz G J. Beyond survival：Achieving new venture growth by building legitimacy[J]. Academy of Management Review，2002，27（3）：414-431.

[147]Zucker L G. Instituional theories of organization[J]. Annual Review of Sociology，1987，115（13）：443-464.

[148]Zucker L G. The role of institutionalization in cultural persistence[J]. American Sociological Review，1977，42（5）：726-743.

[149]曹仰锋.生态型组织：物联网时代的管理新范式[J].清华管理评论，2019（3）：74-85.

[150]陈劲.企业创新生态系统论[M].北京：科学出版社，2017.

[151]陈劲，吴贵生.中国创新学派：30年回顾与未来展望[M].北京：清华大学出版社，2018.

[152]陈劲，郑刚.创新管理：赢得持续竞争优势[M].3版.北京：北京大学出版社，2016.

[153]陈衍泰，夏敏，李欠强，朱传果.创新生态系统研究：定性评价、中国情境与理论方向[J].研究与发展管理，2018，30（4）：37-53.

[154]迟考勋，项国鹏.转型经济中民营企业制度创业机制的多案例研究：制度创业策略视角[J].科学学与科学技术管理，2016，37（12）：18-32.

[155]杜运周，张玉利.新企业死亡率的理论脉络综述与合法化成长研究展望[J].科学学与科学技术管理，2009，30（5）：136-142.

[156]杜运周，张玉利.互动导向与新企业绩效：组织合法性中介作用[J].管理科学，2012，25（4）：22-30.

[157]杜运周，张玉利，任兵.展现还是隐藏竞争优势：新企业竞争者导向与绩效U型关系及组织合法性的中介作用[J].管理世界，2012（7）：96-107.

[158]龚丽敏，江诗松.平台型商业生态系统战略管理研究前沿：视角和对象[J].外国经济与管理，2016，38（6）：38-50，62.

[159]郭海，沈睿，王栋晗，陈叙同.组织合法性对企业成长的"双刃剑"效应研究[J].南开管理评论，2018，21（5）：16-29.

[160]简兆权,令狐克睿,李雷.价值共创研究的演进与展望——从"顾客体验"到"服务生态系统"视角[J].外国经济与管理,2016,38(9):3-20.

[161]李高勇,毛基业.案例选择与研究策略——中国企业管理案例与质性研究论坛(2014)综述[J].管理世界,2015(2):133-136.

[162]李靖华,黄继生.网络嵌入、创新合法性与突破性创新的资源获取[J].科研管理,2017,38(4):10-18.

[163]李克强.在国家科学技术奖励大会上的讲话[R/OL].http://www.gov.cn/xinwen/2019-01/08/content_ 5355891.htm.

[164]李雷.合法性溢出文献综述与批判性思考[J].财经论丛,2019(8):95-103.

[165]李雷,赵先德,简兆权.网络环境下平台企业的运营策略研究[J].管理科学学报,2016,19(3):15-33.

[166]李拓宇.从独占性到合法性:集群企业知识资产治理机制研究[D].杭州:浙江大学,2018.

[167]令狐克睿,简兆权,李雷.服务生态系统:源起、核心观点和理论框架[J].研究与发展管理,2018,30(5):147-158.

[168]刘绍荣,夏宁敏,唐欢,尹玉蓉.平台型组织[M].北京:中信出版社,2019.

[169]路江涌.生态创新:企业如何跨越生命周期[J].清华管理评论,2019(11):84-92.

[170]吕一博,蓝清,韩少杰.开放式创新生态系统的成长基因——基于iOS、Android 和 Symbian 的多案例研究[J].中国工业经济,2015(5):148-160.

[171]罗珉,李亮宇.互联网时代的商业模式创新:价值创造视角[J].中国工业经济,2015(1):95-107.

[172]马浩.战略管理学 50 年:发展脉络与主导范式[J].外国经济与管理,2017,39(7):15-32.

[173]梅亮,陈劲,刘洋.创新生态系统:源起、知识演进和理论框架[J].科学学研究,2014,32(12):1771-1780.

[174]穆胜.释放潜能:平台型组织的进化路线图[M].北京:人民邮电出版社,2018.

[175]裴云龙,江旭,刘衡.战略柔性、原始性创新与企业竞争力——组织合法

性的调节作用[J].科学学研究,2013,31(3):446-455.

[176]彭正银,吴晓娟.制度压力下平台型企业合法性获取演化研究——以滴滴出行为例[J].商业经济与管理,2019(4):58-70.

[177]宋旭岚,许新.生态战略:如何打造生态型企业[M].北京:机械工业出版社,2016.

[178]苏郁锋,张延平,周翔.互联网初创企业制度拼凑与整合策略多案例研究[J].管理学报,2019,16(2):168-179.

[179]涂智苹,宋铁波.制度压力下企业战略反应研究述评与展望[J].外国经济与管理,2016,38(11):101-114.

[180]王勇,戎珂.平台治理:在线市场的设计、运营与监管[M].北京:中信出版社,2018.

[181]魏江,李拓宇.知识产权保护与集群企业知识资产的治理机制[J].中国工业经济,2018(5):157-174.

[182]魏江,王诗翔.从"反应"到"前摄":万向在美国的合法性战略演化(1994—2015)[J].管理世界,2017(8):136-153.

[183]吴绍波,顾新.战略性新兴产业创新生态系统协同创新的治理模式选择研究[J].研究与发展管理,2014,26(1):13-21.

[184]吴晓波,赵子溢.商业模式创新的前因问题:研究综述与展望[J].外国经济与管理,2017,39(1):114-127.

[185]习近平.决胜全面建成小康社会　夺取新时代中国特色社会主义伟大胜利——在中国共产党第十九次全国代表大会上的报告[M].北京:人民出版社,2017.

[186]项国鹏,阳恩松.国外制度创业策略理论探析及未来展望[J].科技进步与对策,2013,30(13):154-160.

[187]项国鹏,黄玮.利益相关者视角下的制度创业过程研究[J].科技进步与对策,2016,33(2):26-31.

[188]小米生态链谷仓学院.小米生态链战地笔记[M].北京:中信出版社,2017.

[189]忻榕,陈威如,侯正宇.平台化管理:数字时代企业转型升维之道[M].北京:机械工业出版社,2020.

[190]许庆瑞.全面创新管理[M].北京:科学出版社,2007.

[191]应瑛,刘洋,魏江.开放式创新网络中的价值独占机制:打开"开放性"和

"与狼共舞"悖论[J].管理世界,2018,34(2):144-160.

[192]曾楚宏,朱仁宏,李孔岳.基于战略视角的组织合法性研究[J].外国经济与管理,2008,30(2):9-15.

[193]张洁,何代欣,安立仁,张宸璐.领先企业开放式双元创新与制度多重性——基于华为和 IBM 的案例研究[J].中国工业经济,2018(12):170-188.

[194]张运生,邹思明.高科技企业创新生态系统治理机制研究[J].科学学研究,2010,28(5):785-792.

[195]赵先德,简兆权,付文慧.基于平台的商业模式创新与服务设计[M].北京:科学出版社,2016.

[196]中欧案例研究中心.平台链接:生态圈与大数据应用[M].上海:复旦大学出版社,2017.

[197]周青,顾远东,吴刚.创新管理研究热点的国际比较与学科资助方向——国家自然科学基金项目管理视角的思考[J].经济管理,2017,39(12):190-201.

图书在版编目（CIP）数据

生态战略：组织合法性的视角 / 李雷著. —杭州：
浙江大学出版社，2021.6(2022.3 重印)
ISBN 978-7-308-21450-6

Ⅰ.①生… Ⅱ.①李… Ⅲ.①企业战略—生态化—研
究 Ⅳ.①F272.1

中国版本图书馆 CIP 数据核字(2021)第 109216 号

生态战略：组织合法性的视角

李 雷 著

责任编辑	李海燕	
责任校对	董雯兰	
封面设计	雷建军	
出版发行	浙江大学出版社	
	（杭州市天目山路 148 号 邮政编码 310007）	
	（网址：http://www.zjupress.com）	
排 版	杭州青翊图文设计有限公司	
印 刷	广东虎彩云印刷有限公司绍兴分公司	
开 本	710mm×1000mm 1/16	
印 张	10	
字 数	180 千	
版 印 次	2021 年 6 月第 1 版 2022 年 3 月第 2 次印刷	
书 号	ISBN 978-7-308-21450-6	
定 价	36.00 元	